从引导到自觉：
社区社会组织参与城市社区治理研究

李培志◎著

天津社会科学院出版社

图书在版编目（CIP）数据

从引导到自觉：社区社会组织参与城市社区治理研究／李培志著．--天津：天津社会科学院出版社，2021．8

ISBN 978-7-5563-0755-5

Ⅰ．①从…　Ⅱ．①李…　Ⅲ．①社区管理-社会组织管理-研究-中国②城市-社区管理-研究-中国　Ⅳ．①D663．3

中国版本图书馆 CIP 数据核字（2021）第 167813 号

从引导到自觉：社区社会组织参与城市社区治理研究

CONG YINDAO DAO ZIJUE：

SHEQU SHEHUI ZUZHI CANYU CHENGSHI SHEQU ZHILI YANJIU

出版发行：天津社会科学院出版社

地　　址：天津市南开区迎水道 7 号

邮　　编：300191

电话/传真：（022）23360165（总编室）

（022）23075303（发行科）

网　　址：www．tass-tj．org．cn

印　　刷：英格拉姆印刷(固安)有限公司

开　　本：787×1092 毫米　1/16

印　　张：14．75

字　　数：210 千字

版　　次：2021 年 8 月第 1 版　2021 年 8 月第 1 次印刷

定　　价：88．00 元

序一

李培志是我指导的已经出站的博士后，他现在在天津社会科学院社会学研究所工作，长期关注和研究基层社会治理问题。这本书是在他的博士后出站报告《城市社区社会组织参与社区治理的路径研究》基础上修改而成的。本书基于对天津社区调查所获得的资料，从理论和实践的层面，全面分析了城市社区社会组织参与社区治理的状况、环境与条件，提出了推动社区社会组织高质量发展的对策建议，具有较好的理论价值和现实意义。

作者选择以社区社会组织为主题从事博士后研究，主要是源于他对城市社区治理结构转型研究的学术兴趣，还有他对城市基层社会治理实践领域的持续关注。作者在博士阶段就已开始关注城市社区治理，并从社会协同的视角研究业主委员会及其行动。从一定程度上说，社区社会组织是具有我国特色的一种社会组织形态。近年来，随着社会治理创新的持续推进，培育发展社区社会组织已成为基层实践的热点，无论是政策创制还是理论阐释都在积极跟进。因此，选择这样的一个主题进行研究，体现了作者的学术态度和积累，也表明作者具有通过研究来积极回应重大现实问题和理论问题的学术情怀和能力。

本书指出,要发挥社区社会组织在基层社会治理中的积极作用,尤其要重视和呈现社区社会组织在基层社会治理中的主体性,并以此建构新框架、新机制,促进基层社会治理共建共治共享。本书通过"基于社区"和"面向社区"的视角,深入认识了社区社会组织的理论内涵和实践导向,分析了社区社会组织之于社会治理理论的逻辑与本源,特别是在观察社区社会组织培育政策的具体落实机制基础上,着重阐释了社区社会组织与基层社会治理主体的关系及互动。

本书还重点关注"非注册""基于社区"的社区社会组织,重视发掘社区的自主性,从"接地气""扎根"角度把握基层社会治理实践的重点任务和推进逻辑,以进一步促进社区团结、增进社区信任和社区情感。另外,作者基于新的理念认识社区社会组织培育发展的新形势,从构建基层社会治理新格局出发,较为全面地对社区社会组织及其相关问题进行了探索性分析,在推进培育发展社区社会组织的路径选择上提出了一些有建设性的思路和策略。

在新冠肺炎疫情的防控过程中,我国独特的社区治理发挥了非常重要的作用,令人对基层社区治理刮目相看,也让我们思考如何重新审视基层社会治理的经验。本书让我们从社会组织参与的角度,对完善社区治理有了新的认识。

总的来看,作者的这一研究有着强烈的社会学思维和关怀,具有一定学理基础,特别是经验资料较为翔实,相关的政策建议有针对性。当然,研究也有不足,还应该进一步加强理论上的提炼。希望作者在已有成果基础上持续关注这一主题,不断深化研究,深入探究我国基层社会治理的历史逻辑、理论逻辑与实践逻辑。

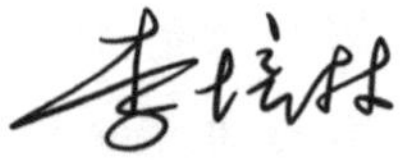

序二

由李培志撰写的《从引导到自觉:社区社会组织参与城市社区治理研究》选题好!它系统研究了如何充分发挥城市社区社会组织的作用、实现城市社区和社会治理的重大理论问题与现实问题。

社区是中国社会的基本(基层)组成单元。搞好微观社区治理,才能实现宏观社会治理。实践表明,在中国进行的抗击新冠肺炎疫情的伟大而艰苦的斗争中,社区治理和管控发挥了极其重要的作用。党的十九大报告中指出,要"推动社会治理重心向基层下移"。本书从城市社区社会组织参与社区治理的路径处提出了新的命题,提出了"引导—自觉"的新框架,试图建构一种兼具国家行政权力与社会自主行动相结合的复合式治理机制,提出要根据社区的实际和社区社会组织的不同类型来有序推动社区社会组织参与社区治理,这符合中国国情和中国社会特色,符合中国社区社会组织发展的现实情况。从这一点来看,本书是创新型的思维与论著。

本书有较好的理论基础,作者熟悉学界的相关理论研究,详细地梳理了理论界学者及实际工作者有关社区治理,特别是发挥社区社会组织作用的相关研究成果,有翔实的文献综述。

在理论之外，本书有独立的天津社区社会组织参与和支持社区治理的调查案例，如天津市河西区、和平区等相关街道的案例，作者对其进行了理论与实证相结合的研究。

我认为，本书的出版，必然能够提升人们对于城市社区社会组织的认识，丰富和发展城市社区社会组织参与社区治理的理论，指导社区工作者调动社区社会组织的积极性，鼓励他们主动参与社区治理，为社区治理发挥积极作用。

总之，本书的出版既有理论研究的价值，也有指导现实的意义，并预期会产生良好的社会反响和显著的社会效益。

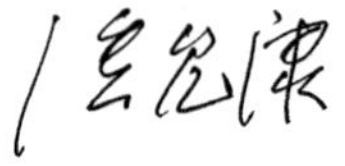

目 录

导 论

一 研究背景

近年来,各地方和有关部门通过实践创新,积极支持发展社区社会组织,使我国社区社会组织的培育及相关工作进入了一个新的发展阶段。特别是在积极推进城市基层社会治理创新的背景下,社区社会组织已成为发动群众参与社区建设、拓宽“社会协同、公众参与”的重要渠道,成为表达社区需求与诉求、提供社区部分公共服务和公益服务、构建多元社区治理体系的重要载体。一般认为,社区社会组织是由社区内的居民或组织根据自身的需求而自愿组成的,具有一定的草根性和亲民性,且能够为满足居民多样化的社会需求而有所行动,尤其在调动居民参与社区公共事务、参与社区建设的积极性与主动性方面具有一定优势。

培育社区社会组织是我国社区建设、社会组织发展不断走向深化的必然结果,也是当前加强城市基层社会建设、提升社区治理体系与治理能力现代化的有效举措。应该说,激发基层社会活力、促进社区秩序和谐稳定离不开社区社会组织的培育与参与。一定程度上,发展社区社会组织有利于提高居民社区参与度、提升社区服务、促进社区减负增效、塑造社区意识、达成社区共识和开拓社区公共空间。因此,面对当前我国城市社区治理的复杂性以及社区需求多样化、社区利益分化的现实,积极促进社区社会组织参与社区治理便成为推动社区治理精准化、精细化的重要课题。

2016 年 8 月,中共中央办公厅、国务院办公厅印发了《关于改革社会组织管理制度促进社会组织健康有序发展的意见》,在涉及业务的第一部分就提到要“大力培育发展社区社会组织”。2017 年 6 月公布的《中共中央 国务院关于加强和完善城乡社区治理的意见》强调,统筹发挥社会力量协同作用,大力发展社区社会组织和其他社会组织。2017 年 12 月,民政部印发的《关于大力培育发展社区社会组织的意见》指出:“力争到 2020 年,社区社会组织培育发展初见成效,实现城市社区平均拥有不少于 10 个社区社会组织,农村社区平均拥有不少于 5 个社区社会组织。再过 5 到 10 年,社区社会组织管理制度更加健全,支持措施更加完备,整体发展更加有序,作用发挥更加明显,成为创新基层社会治理的有力支撑。”2020 年 12 月,民政部办公厅印发《培育发展社区社会组织专项行动方案(2021—2023 年)》,这为新阶段深化社区社会组织培育发展工作、更好地发挥社区社会组织在基层社会治理创新的积极作用提供了时间表和路线图。为此,随着有关社区社会组织政策文件的出台,可以预计,伴随社会建设与社会治理的大力推进,社区社会组织的培育工作将逐步走上有序的发展轨道,社区社会组织在发现并解决社区问题、改善基层民生、增进社区凝聚力等方面的功效将受到更广泛的关注。总之,随着城市基层社会治理创新实践及社会组织培育工作的广泛开展,社区社会组织的作用、功能和重要性越来越受到各级政府部门的重视,社区社会组织的相关研究逐渐成为学界关注的热点。

二 研究内容与资料获取

本研究以天津为例,通过开展实地调查,以期了解当前社区社会组织的发展现状及面临的问题,观察社区社会组织参与社区治理的运行机制、实践逻辑和现实困境,阐释城市社区社会组织参与社区治理的路径,以此进一步探讨培育社区社会组织的相关制度安排与实践策略,以及社区社会组织在满足居民多元化社区需求、促进社区减负增效、实现"三社联动"、开展社区志愿服务等方面所可能呈现的治理价值与社会意义。同时,通过几个典型社区社会组织的个案分析,更为细致地考察、理解社区社会组织所面对的治理机会以及其嵌入基层治理的制度环境和社会情境,进一步展现社区社会组织丰富、鲜活的动态实践。

本研究立足于观察实践的动态过程,尝试构建"引导—自觉"的整合性解释框架,不仅仅关注社区社会组织的自主性,而且将社区社会组织培育发展纳入社区治理结构中,运用新视角来关注其融入社区治理结构的过程及在基层社会治理格局中的作用。笔者认为,社区社会组织培育发展有着丰富的内涵和较强的建构性,其外延也会根据地方实际要求而不断发展,也应该能够产生一定的理论性"知识",因此要更加深入地认识和阐释培育发展社区社会组织的理论内涵与社会意蕴,增进对社会建设的反思。本研究从国家和地方层面分析、观察社区社会组织培育政策的具体落实机制及成效。通过总结经验、观察过程及评估效果,更好地理解当前社区社会组织的分类服务管理及发展环境与条件,提出更具针对性、操作性和储备性的政策建议,以此推动社区社会组织培育政策体系逐步成熟,引导社区社会组织健康有序发展,促进基层社会治理共建共治共享。

本研究主要通过实地调查开展相关工作,运用个案法进行具体分析。资料数据主要来自实地调查时民政部门与社区相关工作人员、社区社会组织负责人所提供的有关资料以及笔者对相关人员的访谈。① 本研究收集资料的方法包括深度访谈、半结构式访谈、座谈会、参与观察等。书面材料主要是笔者在调查时所收集到的相关社区社会组织的内部资料、居委会的部分工作资料以及政府相关职能部门的文件及其汇编、会议纪要等。笔者曾多次参与天津市社会组织管理局组织开展的社区社会组织专项调研、咨询座谈会以及有关区民政部门组织的社区社会组织公益创投等实践活动,这对本研究一手资料的获取以及思路的形成提供了重要帮助。

三　研究认识

与以往研究相比,本研究存在这样几个不同之处:一是在研究对象上更关注非注册、在街道社区备案的社区社会组织及其行动策略,这些组织在总体上的画像,可以用这样几个关键词来描述,“草根、弱小、本地”,但“有生活、接地气、尚志愿”,需要进一步说明的是,本研究也涉及注册类社会组织,但我们所选择的研究对象一定是与城市基层或街道层面有紧密关系的社会组织。二是侧重用生活逻辑分析社区社会组织的培育发展与成长环境,在微观层面描述和揭示城市基层社会治理共建共治共享格局的具体化,以观察国家与社会关系在社区

① 在此特别感谢所有接受访谈、提供调研帮助的人员,感谢诸位的辛苦付出。按照学术惯例,后文出现人名时均予以匿名化处理。

层面的互动。三是在研究策略的选择上,我们既观察了一个地区整体发展的基本面,又选择了几个典型社区社会组织来具体阐释制度逻辑的影响以及组织能动性的实践过程,其中既关注结构分析,也关注过程和机制分析,以互证式的综合视角来把握宏观与微观、结构与行动的关系。四是更关注社区信任和社区情感,并用其来分析社区社会组织如何发起、如何进行内部治理等内容,以此来进一步观照社区公共生活的组织化如何成为可能、如何开展,社区参与动员如何提升、如何可持续发展,进而尝试阐释城市社区社会组织成长的内在原因。五是将社区社会组织及其行动置于城市基层社会治理格局中进行动态考察,与社区治理、"三社联动"、社区减负增效、社区志愿服务等实践进行相互观照式分析,以此进一步认识和把握我国社区社会组织的内涵、培育发展社区社会组织的意义及效果。

本研究还存在一些不足,待在后续研究中进一步弥补和改进。一是对于社区社会组织及其实践在理论上的概括和提炼还不够,在发掘我国社区社会组织的理论内涵、组织特性方面的"理论知识"还很欠缺。二是对于社区社会组织的把握上更侧重狭义角度,更多的是在"基于社区"层面来看待社区社会组织及其行为,这可能会造成对于社区社会组织功能作用和治理成效方面的社会价值阐释稍显不足。三是在案例选取上缺乏"类型学"意义,对于案例中的冲突和张力描述还显得不够,特别是对于社区社会组织长时间段的观察不多。这些不足的产生固然有笔者自身所面临的主客观因素影响,但在这里要说明的是,社区社会组织是较具有我国特色的一种组织形态,它的实践过程还不长、受政策影响大、管理规范程度不高,以至于它能否成为真正的"组织"都还有待观察和进一步讨论,但不管怎样,它确实是我国基层社会治理创新实践中鲜活的"社会存在",更是当下不得不面对的"社会事实"。

第一章

社区社会组织及相关研究

大力培育发展社区社会组织、发挥社区社会组织积极作用正成为我国城市基层社会治理创新实践的热点和亮点，学界对此保持高度关注。这一章，我们通过回顾和总结社区社会组织相关研究文献及实践，进一步理解社区社会组织的理论内涵、发展背景、现实挑战等问题，同时也关注、梳理与社区社会组织培育密切相关的社区治理、“三社联动”、社区减负增效、社区志愿服务等研究，以此来深入认识、把握社区社会组织的内涵、外延、本质特征、社会价值与经验呈现，这为本研究理论框架、阐释分析、政策建议的表达与形成提供了理论基础和实践指引。

一　社区社会组织的界定及有关问题

如何从学理层面界定社区社会组织？对此，学界的讨论比较多。如康晓强认为，社区社会组织是指以社区居民为主要成员，以满足社区居民的多元、多样需求为目的，由居民自发成立并自觉参与，以公益或共益为目的的社会组织形态。[①] 而陈洪涛、王名认为,社区社会组织是由社区组织或个人在社区范围内单独或联合举办的、在社区范围内开展活动的、满足社区居民不同需求的社会自发组织。[②] 夏建中等学者则认为,社区社会组织主要是指以社区为活动范围,以社区居民为成员或服务对象,以满足社区居民的不同需求为目的而成立的各种社团类组织和民办非企业。[③] 概括而言,学者们对社区社会组织的内涵已形成基本共识,如其主要成员是社区居民、主要活动范围在社区等。从概念外延的角度看,关于社区社会组织的共识还包括社区社会组织是当前社区治理多元主体中的重要一员,能够为激发基层社会活力、促进基层社会发展和秩序重建贡献力量等。不过,学者们对社区社会组织的定位仍存在不同观点。综合已有研究,我们认为,社区社会组织是由街道、社区内的居民或组织根据自身需求而自愿组成的,具有一定的草根性和亲民性,能够为满足居民多样化社会需求以及表达社区诉求而有所行动,尤其在调动居民参加社区公共生活与公共事务、参与社区治理的积极性与主动性方面具有比较优势和一定潜能。

以上是从学者研究的视角来看何谓社区社会组织。我们也可以从实践的角度来进一步理解其定义,特别是从政府部门相关文件文本来看,我们发现,各地对社区社会组织的定义是有差异的。以一些地方民政部门已出台过的相关文件为例,如天津,《关于加强社区社会组织建设的意见》(津民发〔2013〕35 号)中指出,社区社会组织是指以本社区为主的公民、法人和其他组织自愿组成,并在城乡社区地域范围内开展活动,满足居民多样化公共服务需求的非营利性社会组织。又

① 康晓强:《社区社会组织研究:回眸与展望》,《社团管理研究》2009 年第 10 期。

② 陈洪涛、王名:《社会组织在建设城市社区服务体系中的作用——基于居民参与型社区社会组织的视角》,《行政论坛》2009 年第 1 期。

③ 夏建中等:《社区社会组织发展模式研究:中国与全球经验分析》,中国社会出版社 2011 年版。

如北京，《北京市城乡社区社会组织备案工作规则（试行）》（京民社发〔2009〕555 号）中认为，城乡社区社会组织是指以本社区地域为活动范围，以满足城乡社区居民文体活动、公益慈善、志愿服务、社区服务、社区公共事务管理等需求为目的，由社区居民自愿组成，且不具备法人登记条件的社会组织。再如上海，《关于加快培育发展本市社区社会组织的若干意见（试行）》（沪民社登〔2015〕2 号）中指出，社区社会组织是指立足城乡社区，以参与社区治理、服务社区群众为目的，依托社区资源提供专业化、社会化、差异化服务，依法登记成立的社会组织。因此，从登记与备案的角度来看，上海对社区社会组织的定义明确了社区社会组织要依法登记，而北京则认为社区社会组织是不具备法人登记条件的社会组织，天津则没有确切指明社区社会组织是否要登记或备案。

社区社会组织定义在各地方政府部门文件文本中的差异，一方面说明了对于社区社会组织的认识还有待进一步深化，另一方面也恰恰表明了各地方因地制宜推动社区社会组织发展的不同实践策略。以天津来看，社区社会组织的定义"仅是基于天津推动三社联动建设的实践提出的，主要思路是培育发展更多保障民生和参与社区治理的公益组织。解读这个定义，关键有三点：第一，以本社区为主，不排斥社区之外的力量，应当善于汇聚各方力量为同一社区居民服务；第二，在城乡社区内服务不是专指本社区，也可以跨社区服务，实现优势服务资源共享、互补与优胜劣汰；第三，也就是关注的重点，我们不以注册和备案来划分，关键是以服务社区为目的，有服务社区的能力与成效"①。从一定意义上说，社区社会组织的相关实践与政策是从地方层面来探索的，之后才形成了专门的中央层面的政策文件。如 2017

① 高一村：《打造社区治理与服务创新的生力军——天津市民政局党组书记、局长兼市社团局局长曲孝丽谈社区社会组织》，《中国社会组织》2015 年第 1 期。

年 12 月，《关于大力培育发展社区社会组织的意见》（民发〔2017〕191 号）出台，其明确指出，社区社会组织是由社区居民发起成立，在城乡社区开展为民服务、公益慈善、邻里互助、文体娱乐和农村生产技术服务等活动的社会组织。

目前，我国社区社会组织参与社区建设和社区治理的实践方兴未艾，学界对此保持关注并积极跟进。从社区社会组织的基本形态及培育创新的角度看，以往的相关研究主要集中在以下四个方面：

第一，关于社区社会组织的存在形态研究。这方面研究主要探讨社区社会组织的构成要素、分类、特点、经费来源等。在对社区社会组织的分类上，一些学者从活动内容和方式上进行了概括分析。如杨贵华将社区社会组织分为社区福利组织、社区文体组织、社区居民权益维护组织、社区志愿活动组织、为社区居民提供服务的组织以及为社区居民生活提供便利低偿服务的便民利民组织。① 从管理服务方式上，夏建中、张菊枝将社区社会组织分为三类，一是正式注册的组织，二是在街道或社区备案的组织，三是未注册也未备案、尚处于发育过程当中的组织。② 在对社区社会组织特征的分析上，一些学者在借鉴已有社会组织特征研究的基础上进行了总结提炼。如李雪萍、曹朝龙认为，社区社会组织具有非政治性、非营利性、民间性、自治性和志愿性等基本特征。③ 总体而言，上述对社区社会组织的研究加深了我们对社区社会组织的认识与理解、为培育发展社区社会组织提供了理论准备和实践指导。

第二，关于社区社会组织社会功能的研究。相关研究普遍认为，社区社会组织对推动基层社会治理创新、建设和谐社区、凝聚社区力

① 杨贵华：《对当前我国社区民间组织建设的思考》，《科学社会主义》2005 年第 2 期。
② 夏建中、张菊枝：《我国城市社区社会组织的主要类型与特点》，《城市观察》2012 年第 2 期。
③ 李雪萍、曹朝龙：《社区社会组织与社区公共空间的生产》，《城市问题》2013 年第 6 期。

量等方面具有积极的社会功能。如康之国指出，社区社会组织能够满足社区居民多样化的生活需求、有效提升社区服务效率、有效整合社区资源，更好地为社区提供服务、提升社区参与度，调动居民参与的主动性、化解社区矛盾，增进社区认同。[①] 康晓强则认为，社区社会组织的发育与成长对社区治理结构转型具有战略性意义，政府应为社区社会组织的发育与成长提供充分的社会空间和资源支撑。[②] 郁建兴、金蕾对地方的案例研究表明，社区社会组织在社会管理中可以发挥积极的协同作用。[③] 李雪萍、曹朝龙也认为，培育社区社会组织有利于促进社区公共空间的生产。[④] 王名等学者进一步指出，社区社会组织是实现居民自治的重要路径、维护社区社会稳定的"安全阀"；有助于满足居民多层次、多元化精神与心理需求；促进政府职能转变，形成"小政府、大社会"格局。[⑤] 概而言之，这些研究不仅明确了社区社会组织在基层社会治理结构中的重要位置，而且也明确了社区社会组织的存在价值及发展方向。

第三，关于社区社会组织的发展困境研究。学界一般认为，发展社区社会组织对于社区建设与社区治理具有重要的理论与现实价值，但与此同时，也必须看到当前社区社会组织发展还面临诸多问题。耿云指出，社区社会组织的组织地位尴尬、生存境地艰难、公信力面临考验。[⑥] 徐家良、武静指出，社区社会组织发展存在一系列短板，如社区

---

① 康之国：《完善社区社会组织参与社区服务机制研究——以天津市 H 区为例》，《天津行政学院学报》2011 年第 6 期。

② 康晓强：《社区社会组织与社区治理结构转型》，《北京工业大学学报（社会科学版）》2012 年第 3 期。

③ 郁建兴、金蕾：《社区社会组织在社会管理中的协同作用——以杭州市为例》，《经济社会体制比较》2012 年第 4 期。

④ 李雪萍、曹朝龙：《社区社会组织与社区公共空间的生产》，《城市问题》2013 年第 6 期。

⑤ 王名等：《社会组织与社会治理》，社会科学文献出版社 2014 年版。

⑥ 耿云：《我国城市社区社会组织的发展困境及其对策》，《云南行政学院学报》2013 年第 6 期。

社会组织合法性缺失、社区社会组织的公信力不足、社区社会组织的资源获取能力较低。① 吴素雄、陈字、吴艳也指出，社区社会组织非规模化及法人资质不足成为社区社会组织提供有效公共服务的基本障碍。② 此外，周宇宏还指出了城市社区社会组织发展面临的诸多外部困境，如对社区社会组织发展的认识还有待提高；社区社会组织发展缺乏强有力的制度支撑；社区社会组织自身发展结构不合理，发展能力不足。③ 总体来看，我国社区社会组织发展所面临的诸多困难，既与政策、环境支持不足等外部因素有关，也与社区社会组织自身规模、能力不足等内在因素有关。

第四，关于社区社会组织的培育模式研究。已有研究显示，社区社会组织的培育已成为基层政府和民政部门推进基层社会治理创新的重要手段，在积极推进社会建设的背景下，各地和有关部门创造性地构建了一些适合本地发展、具有鲜明特色的培育模式与孵化机制，如以“技能传授”为主的师徒模式、以社会组织为主导的专家向导模式和以社区社会组织为本的同伴模式④，还有精英组织参与城市社区社会组织的培育模式⑤等。总体而言，社区社会组织的培育孵化工作相比过去有了制度保障，政策环境大为改观。学界已有一些研究通过及时分析发展现状，破解制度难题，运用新思维，总结提炼了一些具有地方特色的发展模式，具有一定的现实性和针对性。但正如徐林、许鹿、

---

① 徐家良、武静：《我国城市社区社会组织的现实困境及其破解思路》，《上海城市管理》2015年第3期。

② 吴素雄、陈字、吴艳：《社区社会组织提供公共服务的治理逻辑与结构》，《中国行政管理》2015年第2期。

③ 周宇宏：《城市社区社会组织发展面临的主要难题》，《中国社会报》2015年1月26日第2版。

④ 赵罗英、夏建中：《社会资本与社区社会组织培育——以北京市D区为例》，《学习与实践》2014年第3期。

⑤ 赵小平、孔祥利、卢玮静：《精英组织参与城市社区社会组织培育：模式特征与策略选择》，《新视野》2014年第3期。

薛圣凡指出的，在社区内外部资源异质性的现实条件下，“政府主导”“社区主导”或者“合作发展”都可能是备选策略，不存在最佳策略，更不存在唯一策略。[①] 为此，社区社会组织的培育应该因地制宜，根据社区资源、社区多元主体的现状等多种因素，通过引导、合作、博弈，自觉渐进推动。

另外，西方一些国家关于社区社会组织的研究与实践，一定意义上也为我国社区社会组织的培育与发展提供了一些经验。当然，其对于社区社会组织的认识、理解、实践与我国的情况是有差异的，毕竟社会组织的存在与发展会因各国国情、文化、环境等因素差异而表现出不同的组织文化与组织行为。在实践上，如在美国，大量的社区服务设施及相关服务活动一般都是由当地的民间组织来管理和提供的，由于美国非政府组织比较发达，提供的社区服务全面、细致、优质、高效，很受美国普通民众的欢迎，也极大地分担和减轻了政府的公共服务负担。[②] 英国的城市社区完全自治，除管理社区共同事务外，社区内各种组织与政府对接，由政府购买社区内各组织提供给居民的服务，构成了去政府机构化的多元社区服务体系。[③] 在资金来源上，西方一些国家一般都有专门财政资金来保障合法的社会组织开展相关活动。如法国，社团组织拥有多种形式的资金来源渠道，比如政府提供的公共资金、企业或基金会的捐款、各种形式的国外资金等，但总体来看，政府发放的公共经费支持是社团组织最大的资金来源。[④] 又如美国，

---

① 徐林、许鹿、薛圣凡：《殊途同归：异质资源禀赋下的社区社会组织发展路径》，《公共管理学报》2015 年第 4 期。

② 朱红权、王凤丽：《英美国家及中国香港地区成功社区服务经验启示》，《经济研究导刊》2011 年第 27 期。

③ 王燕锋：《去机构化的多元服务：英国城市社区治理现状与经验》，《浙江学刊》2008 年第 5 期。

④ 张金岭：《法国社团组织的现状与发展》，载黄晓勇主编《民间组织蓝皮书：中国民间组织报告（2011—2012）》，社会科学文献出版社 2012 年版，第 278 页。

“资金筹集的来源大致上 2/3 来源于非政府组织，1/3 来源于联邦或地方政府。一般来讲，社区组织都非常注意筹款的多种来源，因为资助来源渠道的多少与组织能够保持独立性的程度直接相关联，资助来源的多样性可以使这些组织保持自己的独立性”①。可见，在治理方式、资金筹集等方面各国都要结合自身国情，形式上是较为开放、不一的。

在理论上，就社区社会组织发展的理论渊源而言，其主要是来自协同学原理②以及自组织、自我治理理论③的相关内容。总的来看，运用国家与社会关系理论框架来分析社会组织及其相关问题是比较多的，一般认为，国家与社会关系具体体现为多元主义、国家主义和法团主义。④ 具体来说，在国家与社会关系理论框架下有关社会组织发展及其影响的研究，一些学者主要是从法团主义⑤与市民社会⑥两大理论维度来展开讨论的，这其中主要是从国家与社会关系的对抗分离、此消彼长，以及谈判⑦，抑或协作、融合、互嵌的研讨中逐步走向深入的。

---

① 夏建中：《美国社区的理论与实践研究》，中国社会出版社 2009 年版，第 96 页。

② ［德］赫尔曼·哈肯：《协同学——大自然构成的奥秘》，凌复华译，上海译文出版社 2013 年版。

③ Elinor Ostrom, *Governing the Commons: The Evolution of Institutions for Collective Action*. Cambridge: Cambridge University Press, 1990.

④ 顾昕、王旭：《从国家主义到法团主义——中国市场转型过程中国家与专业团体关系的演变》，《社会学研究》2005 年第 2 期。

⑤ Margaret M. Pearson, "The Janus Face of Business Associations in China: Socialist Corporatism in Foreign Enterprises." *The Australian Journal of Chinese Affairs*, No. 31, 1994. Jonathan Unger, Anita Chan, "China, Corporatism, and the East Asian Model." *The Australian Journal of Chinese Affairs*, No. 33, 1995.

⑥ Charles Taylor, "Modes of Civil Society." *Public Culture*, Vol. 3, Iss. 1, 1990. Heath B. Chamberlain, "On the Search for Civil Society in China." *Modern China*, Vol. 19, No. 2, 1993. Gordon White, "Prospects for Civil Society in China: A Case Study of Xiaoshan City." *The Australian Journal of Chinese Affairs*, No. 29, 1993.

⑦ Tony Saich, "Negotiating the State: The Development of Social Organizations in China." *The China Quarterly*, No. 161, 2000.

一些近期相关研究成果从国家与社会关系更为细致或者更为复杂的角度进行了新的提炼。如有研究指出，民间组织在不提出民主诉求和满足一定社会需求的情况下，能够根据具体情形而达成合作关系。① 还有研究通过对地方实践的观察，指出新的间接社会组织控制机制形成了"协商威权主义治理"的新型模式。② 而在具体话语研讨中，无论是倾向于社会的自主与自治，还是倾向于社会为行政所吸纳③，可以说都无法十分准确描述和解释我国社会组织生存样态及具体行动策略和运行机制。一个重要的原因是，社会组织的成长、发展状况与其所处的社会环境及情境因素密切相关。托克维尔在谈论关于美国人在市民生活中对结社的运用中提到，"美国人不论年龄多大，不论处于什么地位，不论志趣是什么，无不时时在组织社团""在法国，凡是创办新的事业，都由政府出面；在英国，则由当地的权贵带头；在美国，你会看到人们一定组织社团"④。可见，社团的存在有其一定的历史性与现实性需要，而且社团不同于其他组织的特征之一，是它"能够提供组织间或个人间的横向联系"⑤。总的来看，国家与社会互动关系的相关概念及理论所给予的理论视角、宏观分析框架及理论启示对分析我国社会组织的成长与行动是有一定建设价值的，但在具体细致分析中，情境、文化等要素变量的引入又显得不可或缺。

需要强调的是，我们在客观、理性认识社团或者社会组织作为一

---

① Anthony J. Spires, "Contingent Symbiosis and Civil Society in an Authoritarian State: Understanding the Survival of China's Grassroots NGOs." *American Journal of Sociology*, Vol. 117, No. 1, 2011.

② Jessica C. Teets, "Let Many Civil Societies Bloom: The Rise of Consultative Authoritarianism in China." *The China Quarterly*, No. 213, 2013.

③ Kenneth W. Foster, "Embedded within State Agencies: Business Associations in Yantai." *The China Journal*, No. 47, 2002.

④ [法]托克维尔：《论美国的民主》（全二卷），董果良译，商务印书馆 2009 年版，第 692—693 页。

⑤ 王颖、折晓叶、孙炳耀：《社会中间层——改革与中国的社团组织》，中国发展出版社 1993 年版，第 7 页。

种结构性力量在社会整合及社会团结中的积极价值和作用之时,也要看到其也有局限性或失灵的一面。诚如萨拉蒙所言,“福利国家理论和志愿部门理论都是不完善的,前者没有认识到过去50年中公共部门运作中发生的巨大转变;后者没有认识到,不仅仅是市场和国家,志愿部门在提供集体物品方面也有着固有的局限性”①。因此,看待社会组织需要有一种辩证的思维和眼光。同时,更需要在具体情境或实践中进行动态的、与时俱进的把握。为此,“在讨论中国的第三部门组织时,应该放宽萨拉蒙关于‘组织性’的界定,不应该强调其法律身份和组织的正规性,而应看组织所做的事情、内在价值理念以及所发挥的功能”②。而这对社区社会组织培育发展而言,可能更为珍贵。总之,检视我国社会组织或者社区社会组织的发展,我们发现,对于我国社会组织发展境遇及整体状况的理解与阐释,并不能套用西方的概念和话语体系。

在此意义上,从理论对话和分析工具建构的角度,如何来审视、阐释我国社区社会组织及其行动?总的来看,我国学者从国家与社会的关系或者政府与社会组织的互动出发,结合国情和地方实践,开展了一系列扎实而又有洞见的研究,这些研究提炼了诸多具有较好解释力的概念和分析框架,这也为本研究理论框架的提出与建构提供了借鉴和启发。如康晓光、韩恒提出了分类控制体系是一种新的国家与社会关系的“理想类型”③。俞可平概括总结了中国公民社会制度环境的特征,其典型地体现为宏观鼓励与微观约束、分级登记与双重管理、双重管理与多头管理、政府法规与党的政策、制度剩余与制度匮乏、现实

---

① [美]莱斯特·M.萨拉蒙:《公共服务中的伙伴——现代福利国家中政府与非营利组织的关系》,田凯译,商务印书馆2008年版,第15页。

② 康晓光等:《依附式发展的第三部门》,社会科学文献出版社2011年版,第9页。

③ 康晓光、韩恒:《分类控制:当前中国大陆国家与社会关系研究》,《社会学研究》2005年第6期。

空间与制度空间的共存。① 康晓光、韩恒又进一步总结提炼出“行政吸纳社会”概念，并以此概括当前中国大陆国家与社会关系的结构特征，同时还指出，在“行政吸纳社会”的体制中，国家与社会不是分离，更不是对立，而是相互融合。②

在这些已有研究的基础上，近年来的一些研究又有了一定超越和新动向，主要体现在分析上更为细致、反思性更强、更侧重行动策略研究。如纪莺莺的研究指出，近期社会组织研究出现了“国家中心”转向，呈现出一种理解与构造结社生活中国家角色的新思路，我国对于社会组织的治理取向从“分类控制”转向了“可控发展”，而国家也在整体架构与治理机制的意义上提供给社会组织更为精细与复杂的制度环境。③ 黄晓春的研究通过引入政府行为研究的相关理论，聚焦地方政府在制度生产风险和弱激励的双重影响下发展社会组织的实践过程，以及不同层级政府在互动中塑造社会组织制度环境的机制，可以在中观层面识别当代中国社会组织发展特征，拓展了既有研究基于“国家社会”视角的论域，并进一步概括社会组织领域的“模糊发包”政策执行模式。④ 黄晓春、周黎安在借鉴“行政吸纳”等理论洞见的基础上，试图结合不同的治理情境和条件、约束来讨论行政体系对社会组织认知的动态演变机制，从而推动政府与社会组织关系研究领域解释机制的纵深化发展，提出从行政“吸纳”社会到行政“借道”社会。⑤ 可以看出，这些研究体现了较强的理论建构能力，理论对话尤为凸显，有传承，也有反思。

---

① 俞可平：《中国公民社会：概念、分类与制度环境》，《中国社会科学》2006 年第 1 期。

② Kang Xiaoguang & Han Heng, “Administrative Absorption of Society: A Further Probe into the State - Society Relationship in Chinese Mainland.” *Social Sciences in China*, No. 2, 2007.

③ 纪莺莺：《治理取向与制度环境：近期社会组织研究的国家中心转向》，《浙江学刊》2016 年第 3 期。

④ 黄晓春：《当代中国社会组织的制度环境与发展》，《中国社会科学》2015 年第 9 期。

⑤ 黄晓春、周黎安：《政府治理机制转型与社会组织发展》，《中国社会科学》2017 年第 11 期。

进一步看,就此方面研究,我国有很多学者结合我国的治理实践,在具体分析中还较多地借鉴并引申使用了“嵌入”[①]这个概念。如黄晓春指出社会组织发挥治理和服务功能需要依赖特定的制度条件,其成长条件镶嵌于治理转型的总体脉络之中。[②] 纪莺莺提出从“双向嵌入”到“双向赋权”来理解我国国家与社会组织关系,认为这种“双向嵌入”的结构使得国家与社会双方的权力都得到了提升,形成“双向赋权”,这在客观上已成为我国构造国家与社会组织关系的现实选择。[③] 唐文玉试图跳出“国家与社会”关系的研究范式,从“党社关系”的维度来考察当代中国社会组织发展,提出“强嵌入—强自主”型、“强嵌入—弱自主”型和“弱嵌入—强自主”型三种不同类型的社会组织,认为嵌入式发展或许是“党社关系”维度下当代中国社会组织发展的方向性模式。[④] 整体而言,这些研究从国家中心、党社关系以及制度环境、资源依赖等不同视角或维度出发,紧密结合我国发展的实际,所提出的概念和分析工具是有洞察力和穿透力的。在一定程度上,需要在构建性的基础上认识理解、诠释分析我国的社会组织或者组织社会的实践,其实“组织化并非仅为名词(建立组织),还指不间断的关系结构重组的进程”[⑤]。总之,在讨论我国社区社会组织的培育机制、政策环境以及其融入社区治理结构时,要充分考虑我国社区、社会组织本土特质以及由此呈现的一种独特的、具有自身历史文化的互动机制。为此,借鉴经验与本土化路径的有机整合还需要不断探索和总结。

---

① Mark Granovetter,“Economic Action and Social Structure:The Problem of Embeddedness.” *American Journal of Sociology*, Vol. 91, No. 3, 1985.

② 黄晓春:《中国社会组织成长条件的再思考—— 一个总体性理论视角》,《社会学研究》2017年第1期。

③ 纪莺莺:《从“双向嵌入”到“双向赋权”:以N市社区社会组织为例——兼论当代中国国家与社会关系的重构》,《浙江学刊》2017年第1期。

④ 唐文玉:《嵌入、依附抑或独立——“党社关系”维度下的社会组织发展模式考察》,《中共中央党校(国家行政学院)学报》2019年第4期。

⑤ 张静主编:《社会组织化行为:案例研究》,社会科学文献出版社2018年版,第2页。

整体来看,已有社区社会组织的相关研究和实践,对分析社区社会组织参与社区治理提供了一定的理论框架和实践参考。我们发现,虽然对培育社区社会组织的理念及宏观制度安排已有一定的社会共识,但是从推动基层社会治理创新角度来看,还缺乏具有整体性的高效政策工具和微观制度安排来促进并形成社区社会组织参与社区治理的可持续、多元的互动机制。另外,对社区社会组织融入社区治理结构过程及其因果关系还缺乏具有"知识性"的理论观照。概括起来,主要表现在:一是理论解释力不强,缺乏具有"知识性"的机制分析;二是应然的社会化实践研究缺乏反思性和批判精神;三是没有形成系统性制度安排和组织化设计,实践效果评估机制研究缺乏。而这已严重影响了社区社会组织生长空间的拓展和功能的进一步发挥,特别是与我国社会组织改革的步伐、社会建设的总体进程要求相比,社区社会组织一般性"静态"研究已无法满足快速发展的实践需求,对其发展的新经验、新情况总结提炼相对不足;社区社会组织功能研究还需要进一步深化,对其功能异化等问题关注不够;社区社会组织培育模式还显得单一、实效性不强,对其培育行政工具化、发展碎片化缺乏系统研究,这就更需要从促进社区社会组织参与社区治理的过程中来整体把握、综合施策,以此破解社区社会组织发展所面临的各种困境。

为此,在借鉴、吸收已有研究成果的基础上,我们围绕社区社会组织及其参与社区治理的结构、机制及结果,从实践的反思性角度,尝试提出"引导—自觉"的理论框架,建构一种兼具国家的行政权力与社会的自主行动相结合的复合治理机制。其中,引导主要是指城市基层党建的引领,基层政府及其代理部门在政策研制、管控方式和资源供给上的规制,枢纽型、支持型社会组织的带动陪伴,侧重强调规范增能,更注重发挥制度结构和政策环境的行政性与主动性;自觉,主要是指社区社会组织的自主性,关注行动策略以及社区互动和社区情境的动态过程,侧重强调协同治理,更注重发挥组织自身的社会性与能动性。我们认为,“引导”与“自觉”是当前关注城市基层社会中“国家与社会关系”的一种重要机制,要更为重视“引导—自觉”之间的勾连与组合状态,正是在这样的状态之下观察、分析社区社会组织的权力结构、服务实践、资源获取,阐释其参与社区治理所体现的“国家与社会关系”,才有可能更为准确、更为动态地理解和把握城市基层社会治理的逻辑、机制及走向。

在城市基层治理实践中,既需要国家权力在场,又需要充满活力的社会自主,而且这种社会自主应该是具体的、鲜活的,在此基础上打造的基层社会治理共建共治共享格局才可能呈现人人有责、人人尽责、人人享有的图景。实践表明,社区社会组织的出现和运行在当下城市基层社会治理实践中的作用越发凸显,特别是在面对城市基层社会的复杂性和结构分化时,这种有组织的力量更显得弥足珍贵。当前城市社区治理实践的过程和诸多环节亟须多元治理主体的参与及互动,社区社会组织扎根在社区、活跃在社区,这种天然的亲近社区的属性使这种组织的存在有了现实合理性。诚如“组织始终是一个为了实现某些目标而存在的方法体系,为了实现这些目标,必须对组织的合理性进行适当调整”①。因此,社区社会组织的合理性构建显得尤为必要。总的来看,社区社会组织的存在是基层社会的内在需要,它以自我服务、自我教育的实践为导向,开展的是社区活动或社区服务,一般来说不具有“政治性”,大多数实践是从志愿精神出发而开展的志愿行为或互益行为活动。进一步看,在基层社会治理创新中,社区社会组织不仅能够作为城市基层的重要主体和力量而发挥“服务”“治理”作用,而且也是当前开展基层工作、“走群众路线”的一种方法,特别是

① [法]阿兰·图海纳:《行动社会学:论工业社会学(1999年修订版)》,卞晓平、狄玉明译,社会科学文献出版社2012年版,第156页。

通过活力呈现、潜力挖掘、价值建构，其将能够成为调节城市基层社会关系、增进城市基层社会团结的有生力量。

社区参与和社区动员是我国社区治理领域“老生常谈”的话题，这一方面说明其在基层实践中的重要性，另一方面也说明其还有很多不如意之处，需要不断探求解决之道。而社区社会组织的形式和行动恰有可能成为弥补此方面不足的一剂良方。从应然角度看，在城市社区生活中，社区社会组织能够成为观察宏观结构与微观机制之间连接的一种载体，可以将个人行动和社会结构联系起来，能够促使“原子化”的居民产生互动行为，这种行为让社区信任成为可能，而社区信任又能够促使社区互动更深入并产生社区社会资本。当然，这个过程并非一成不变地按照线性逻辑进行，为此，社会情境因素的考量是这个过程不可或缺的重要变量。正是在这个意义上，社区社会组织是亟待扶持、培育的。应该看到，社区社会组织的培育发展是需要一定条件和前提的，它的功能及作用发挥也需要将其嵌入地域经济社会结构之中才能充分呈现。我们认为，作为基层社会的一种重要力量，社区社会组织及其行动是需要适时引导的，特别是发挥它的功能、规避它的“失灵”，既需要国家力量的规制，包括需要关注组织成长环境的营造及制度政策的产出、执行、适度及限制的效果，也需要社会的自主性表达及社会力量的行动自觉、互相监督。可以说，在这样具有主体间性的复合治理推动下，社区社会组织及其行为所体现的动态社会互动才具有可持续性，社区社会组织对于基层社会治理格局及其所形成的社区网络才具有建构价值。对于基层社会而言，这种行为及价值将有利于促进社会秩序的有序、社会控制的有效、社会活力的有为以及社会制衡的有力。

二 社区治理研究

社区社会组织培育不仅与社区治理密不可分,更离不开社区治理实践与理论的全面观照。如何看待社区治理?很多学者从传统社区管理的角度给予回应,一般强调多元、协调、合作、共治等因素和机制对社区建设的积极作用。综合已有研究,从社区治理主体关系及治理结构本质出发,我们主要从以下三个方面来认识和把握社区治理。

(一)社区治理的内涵及其表现形态

这方面的研究有学者总结提出了合作治理①、社区复合治理②等具有我国特色的社区治理及其形态。从本质上看,徐建宇认为,城市社区治理的本质可被理解为社区基于社会特质来实现工具意义与价值意义双向契合的过程。③ 李翠玲则认为,中国城市的社区治理正在从工具理性向价值理性转变,生活世界逐渐取代发展和经济增长,成为社区治理的核心,这促使社区治理宗旨从宏观转向微观,社区治理方式从刚性管制向软性感召转变,社区治理对象从"物"转向"社会"和"人",并最终落脚于利益格局调整、生活乐趣发掘、邻里关系培育和道德责任重建。④ 从能力及特征上看,孙锋、王峰提出社区治理能力是政府、企业、非营利组织、公众等在社区治理的互动过程中,改变治理

---

① 马西恒:《社区治理创新》,学林出版社 2011 年版。

② 吴群刚、孙志祥:《中国式社区治理:基层社会服务管理创新的探索与实践》,中国社会出版社 2011 年版。

③ 徐建宇:《城市社区治理的价值原则、生活叙事和伦理意蕴研究》,《河南大学学报(社会科学版)》2018 年第 3 期。

④ 李翠玲:《从发展到生活:当代城市社区治理的价值转向》,《新视野》2019 年第 5 期。

结构、解决社区问题、提升资源利用效率，进而实现公共利益的总的能力。[①] 而王轲通过分析174个城市社区治理创新案例，发现城市社区治理创新的特征主要表现为充分发挥党组织作用实现党建引领、调动社会组织积极性以增强合作、关注社区居民需求以提升服务、重视内涵建设以加强文化规范等。[②] 总的来看，社区治理的内涵提炼既遵循一般治理所体现的规律和价值取向，又根植于我国社区实践的具体实际，其不断丰富和充实过程表明我国基层社会治理现代化在体系和能力建设上持续推动的进程。

（二）社区治理结构及其变迁

这方面研究成果主要集中在对模式类型的探讨上，如魏姝将其分为"传统型社区、协作型社区和行政化社区"[③]；夏建中指出社区治理主要为政府主导型、自治型、合作型[④]；葛天任、李强分析了政府主导、市场主导、社会自治和专家参与四种城市社区治理创新模式[⑤]。在理论分析上，政权建设理论、治理理论是社区治理结构转型研究的主导分析框架。[⑥] 从模式类型转变过程来看，魏娜认为，城市社区治理模式由行政型社区向合作型社区和自治型社区的发展过程，是社会经济体制改革和社会结构调整在城市社区发展中的一种反映，它代表着我国城市社区发展的方向。[⑦] 朱仁显、邬文英也认为，从长远来看，网格化

---

① 孙锋、王峰：《城市社区治理能力：分析框架与产生过程》，《中国行政管理》2019年第2期。

② 王轲：《中国城市社区治理创新的特征、动因及趋势》，《城市问题》2019年第3期。

③ 魏姝：《中国城市社区治理结构类型化研究》，《南京大学学报（哲学·人文科学·社会科学版）》2008年第4期。

④ 夏建中：《中国城市社区治理结构研究》，中国人民大学出版社2012年版。

⑤ 葛天任、李强：《我国城市社区治理创新的四种模式》，《西北师大学报（社会科学版）》2016年第6期。

⑥ 王巍：《国家—社会分析框架在社区治理结构变迁研究中的应用》，《江苏社会科学》2009年第4期。

⑦ 魏娜：《我国城市社区治理模式：发展演变与制度创新》，《中国人民大学学报》2003年第1期。

社区管理只是社区治理模式演进过程中采取的过渡模式,随着居民参与的活跃度的提升,它将为政府与居民合作共治的复合治理模式所取代。[①] 而罗家为、冯志峰则认为,如果说行政化治理模式是垂直向下、公共财政直接供给的单一服务体系,"大众化"治理模式是居民分化、非均衡的自利性参与式治理,那么,社会化治理模式则是横向共治、政府购买服务与资源跨界整合的多元服务体系,专业化治理模式则是组织化、均衡与常态化的公共性治理。[②] 从要素特征来看,胡伟、张润峰提出无缝隙治理,它包括治理主体参与的无缝隙、治理能力提升的无缝隙、治理绩效机制与价值取向的无缝隙以及治理服务客体的无缝隙四个核心维度,并认为无缝隙治理概念的生成逻辑是历史逻辑、理论逻辑、实践逻辑的科学统一。[③] 姜胜辉提出标准化治理,认为标准化治理模式契合城市社区精细化治理需要,发挥了规范政府公共权力、保障民主自治权利和拓展社区共治空间的功能。[④] 姜晓萍、田昭通过对地方党建引领社区治理实践的研究,提出以组织赋能、人员赋能、居民赋能、质量赋能、发展赋能为特质的"授权赋能型"城市社区治理体系。[⑤] 总体而言,我国社区治理结构的变迁呈现出由街居制向社区制转变的实践轨迹,多元化、社会化、专业化、法治化较为突出。因我国各地方在经济社会发展上客观存在一定的不平衡,在社区治理的具体实践上也存在一定差异,为此,在社区治理结构模式的选择上要因地制宜、从实际出发,还要随着治理实践的发展和不断深入适时进行总

---

① 朱仁显、邬文英:《从网格管理到合作共治——转型期我国社区治理模式路径演进分析》,《厦门大学学报(哲学社会科学版)》2014 年第 1 期。

② 罗家为、冯志峰:《城市社区治理的模式转向:社会化与专业化》,《甘肃行政学院学报》2017 年第 6 期。

③ 胡伟、张润峰:《无缝隙治理:我国城市社区治理的一种新模式》,《中共天津市委党校学报》2018 年第 6 期。

④ 姜胜辉:《标准化治理:城市社区治理新模式》,《中共天津市委党校学报》2019 年第 5 期。

⑤ 姜晓萍、田昭:《授权赋能:党建引领城市社区治理的新样本》,《中共中央党校(国家行政学院)学报》2019 年第 5 期。

结、提炼和调整。

（三）社区治理的主体及权力关系博弈

一般认为，社区治理主体是多元的，已有研究更多地集中在对居民委员会、业主委员会与物业公司之间的互动关系分析上，如典型的讨论有“三驾马车”[①]论。从关系网络重构来看，吴光芸认为，社区治理要实现对公共事务的有效管理，实现公共利益的最大化，关键性因素就是建立利益相关者之间的协调参与网络。[②] 杜伟泉、朱力则认为，创新社区治理机制最关键的是要重构社区治理中“国家—社会”权力关系，形成“强政府—强社会”的权力关系。[③] 从权力博弈来看，刘艳霞、徐永祥的研究显示，当前城市社区治理的参与主体已经具有典型的“多主体”特点，在多主体的网络结构中，以“社区居委会/党委”为核心的特点非常显著，以社会组织、商业组织、社区社会组织为主体的其他参与主体高度依赖社区党委的组织和召集，相互之间的关系较为松散和疏离，尚未发展为能够真正参与社区治理的独立力量。[④] 张平、商爽认为，城市社区权力运行直接关系到城市社区治理的效果，通过研究发现，城市社区形成了三核多元互动式梯形权力结构，城市社区部分权力主体的权力没有得到充分发挥，城市社区多元权力主体缺乏有效的沟通协调机制，不同类型城市社区权力结构呈现一定差异性。[⑤]

---

① 李友梅：《基层社区组织的实际生活方式——对上海康健社区实地调查的初步认识》，《社会学研究》2002 年第 4 期。

② 吴光芸：《利益相关者合作逻辑下的我国城市社区治理结构》，《城市发展研究》2007 年第 1 期。

③ 杜伟泉、朱力：《基于权力关系重构的共治型城市社区治理机制探析》，《学习与实践》2019 年第 2 期。

④ 刘艳霞、徐永祥：《城市社区治理参与主体的社会网特质研究——以北京市 Z 社区为例》，《华东理工大学学报（社会科学版）》2019 年第 1 期。

⑤ 张平、商爽：《城市社区权力结构的现实样态及其优化——基于社会网络分析的视角》，《北京行政学院学报》2019 年第 1 期。

总的来说,随着社区实践的变化,社区里权力关系也发生了一系列改变,尤其是近年来更多社区社会组织广泛参与社区治理实践使社区权力关系又出现了一些新的变化,因此,权力关系博弈下治理主体的互动就成为当前创新社区治理的一个重要实践导向。同时我们也应该看到,社区治理各主体间的持续互动机制还不够完善。

整体来看,以往的社区管理更侧重于国家力量的在场,而对于市场力量和社会力量的重视相对不足。实践表明,单一权力主体管理模式存在社会成本过大、效率低等弊端,为此,能否构建出一个符合国情的多元主体共治的社区治理机制便显得尤为重要。在党建引领下,当前城市社区治理要求治理主体多元化、社区服务社会化、社区管理精细化,一定意义上,虽然国家、市场与社会力量共治社区的宏观理念与制度安排已达成社会共识,但是在微观的制度机制与方式方法上,特别是在发挥各类社区主体功效、调动多元社区治理主体参与的积极性上还缺乏具体的前瞻策略和整合手段,因此,将社区社会组织及其行为纳入城市社区治理结构进行深入、细致的分析和阐释就显得尤为重要。

三　“三社联动”研究

近年来,随着基层社会治理创新实践的广泛开展,“三社联动”问题成为城市社区治理相关研究的一个热点,《中共中央 国务院关于加强和完善城乡社区治理的意见》中指出,要推进社区、社会组织、社会工作“三社联动”,完善社区组织发现居民需求、统筹设计服务项目、支持社会组织承接、引导专业社会工作团队参与的工作体系。可以说,深入理解社区社会组织的培育及作用发挥离不开“三社联动”相关智识的观照。

何谓“三社联动”？“三社联动”是指通过社区建设、社会组织培育和社会工作现代化体制建立的“三社联动”，形成“三社”资源共享、优势互补、相互促进的良好局面，加快形成政府与社会之间互联、互动、互补的社会治理新格局，分层次、分步骤推进“三社联动”发展，从根本上使各种社会矛盾和冲突在基层得到有效预防和解决，实现社会的和谐发展。[①] 简单说，“三社联动”是以群众需求为导向、以社区为基础、以社会组织为载体、以社会工作者为支撑的治理模式。[②] 总的来看，“三社联动”的重要指向在于让社区、社会组织、社会工作建设实现互联互动、共建共享，在“活跃起来”“行动起来”的氛围中，以政社互动为根本，整合资源、创新实践，推动社区治理精细化，从而推进社区治理体系和治理能力走向现代化。我们从积极推动社区治理创新、大力培育发展社区社会组织视角，简要从以下四个方面回顾、总结国内学者关于“三社联动”的理解与阐释以及实际工作部门对此议题的相关认知。

（一）“三社联动”的一般性认识

这方面的研究主要集中在对“三社联动”的背景、本质、价值与意义的讨论上。从本质特征来看，徐选国、徐永祥认为，“三社联动”已成为基层社会治理的重要命题，其在本质上体现了国家与社会在基层治理实践中的互动逻辑，内含明显的政社互动关系。[③] 孙涛则认为，“三社联动”的实质是一种权力结构的调整和治理资源的共享，是一种新

---

① 叶南客、陈金城：《我国“三社联动”的模式选择与策略研究》，《南京社会科学》2010 年第 12 期。

② 才凤伟：《实践“三社联动” 促进社会和谐发展》，《中国社会组织》2015 年第 5 期。

③ 徐选国、徐永祥：《基层社会治理中的“三社联动”：内涵、机制及其实践逻辑——基于深圳市 H 社区的探索》，《社会科学》2016 年第 7 期。

型治理网络的建构过程。[①] 从内涵与机制阐释来看,顾东辉梳理既有说法认为,“三社”可以是三个工作主体,也可以是三个实务要素,这就有了“主体联动”和“要素联动”两种解构视角,为推进“三社联动”,应促进社区议题、社会组织和社会工作的合理连接和恰当互动。[②] 叶南客认为,“三社联动”的协调机制主要体现在“街道—社区”两级主体之间,协作机制主要体现在社区居委会与社区工作站之间,合作机制主要体现在社区、社会组织与社会工作者各主体间的联动过程。[③] 从角色关系来看,徐永祥、曹国慧经过对“三社联动”主体和关系的辨析,认为“三社联动”是居委会、社会组织和社会工作者在社区领域围绕社区居民开展的社区治理活动,作为自治协商平台的居委会和项目运作载体的社会组织、专业服务提供者的社工之间均存在双向互动关系。[④] 李精华、赵珊珊则认为,“三社联动”中,社区居委会、社会组织、社会工作者在社区这个场域中分别扮演着不同的角色,社区居委会以社区居民与基层政府的“双重代理人”身份承担着主导者和资源整合者的角色,社会组织是开展社区服务的重要载体、居民参与社区生活的有效途径和社会工作者的重要就业渠道,社会工作者是专业服务的提供者、资源的链接者、专业的指导者、组织的协调者和“联动”的倡导者。[⑤] 总的来看,推动“三社联动”是社会建设和社会治理在基层社区实践的内在要求。“三社联动”既是从管理到治理理念转变发展的结果,也是社区建设与社区治理模式的创新。

---

① 孙涛:《以“三社联动”推进基层社会治理创新》,《理论月刊》2016 年第 10 期。

② 顾东辉:《“三社联动”的内涵解构与逻辑演绎》,《学海》2016 年第 3 期。

③ 叶南客:《“三社联动”的内涵拓展、运行逻辑与推进策略》,《理论探索》2017 年第 5 期。

④ 徐永祥、曹国慧:《“三社联动”的历史实践与概念辨析》,《云南师范大学学报(哲学社会科学版)》2016 年第 2 期。

⑤ 李精华、赵珊珊:《“三社联动”:内涵、机制及其推进策略》,《学术交流》2016 年第 8 期。

(二)“三社联动”的类型模式

“三社联动”由谁主导？由谁发动？以何来动？类型模式的讨论对此有着不同的视角和认识。叶南客、陈金城将“三社联动”类型归纳为五种模式,即内需驱动型、政府主导型、项目引领型、理念践行型和体制创新型。① 李文静、时立荣指出,当前我国“三社联动”社区治理在实践中形成了“社会组织委托型”“社工机构服务型”“项目指导型”“社区内部发展型”等模式。② 王思斌则认为有三种联动类型,即工具性联动、协作式联动与合作式联动。③ 陈伟东、吴岚波提出“嵌入式”“内生式”“融入式”三类“三社联动”模式,并认为“融入式”“三社联动”较好地发挥了社区居民委员会、社会组织(包含社区社会组织)在社区治理过程中的基础性和协同性作用,理顺了联动主体的关系与结构,是对“嵌入式”“三社联动”和“内生式”“三社联动”的反思与超越。④ 而白福臣、李彩霞基于比较研究和系统研究的视角,按照促进社区发展的动力来源划分,也认为“三社联动”有三种模式:内生型模式、嵌入型模式和联动型模式。⑤ 总的来看,这方面的研究主要是从动力、逻辑、机制、趋势等角度讨论“三社联动”的模式和类型,这些研究对“三社联动”的实践总结和理论提升具有重要的指导意义。

---

① 叶南客、陈金城:《我国“三社联动”的模式选择与策略研究》,《南京社会科学》2010 年第 12 期。

② 李文静、时立荣:《“社会自主联动”:“三社联动”社区治理机制的完善路径》,《探索》2016 年第 3 期。

③ 王思斌:《“三社联动”的逻辑与类型》,《中国社会工作》2016 年第 4 期。

④ 陈伟东、吴岚波:《从嵌入到融入:社区三社联动发展趋势研究》,《中州学刊》2019 年第 1 期。

⑤ 白福臣、李彩霞:《新时代基层社会治理“三社联动”机制:理论构建、模式选择与路径优化》,《学习论坛》2019 年第 7 期。

（三）“三社联动”的推动路径

这方面的研究主要集中在实践探索、机制创新、框架构建等方面。从困境与不足的视角来看，韩冬雪、李浩通过研究认为，社区联合党建是解决社区治理内卷化和社区党建形式化的关键，推动“三社联动”的根本举措是进一步完善社区联合党建与社区治理的复合制结构。① 吴江、范炜烽分析了“三社联动”模式运转的不足，提出的改进建议有：政府层面要完善配套政策并提供财政扶持；社区居委会层面要做好“加减法”；社会组织层面要做专、做强，打造品牌；社工层面要走专业化、职业化道路；公众参与层面要创新机制、创造条件。② 从框架构建和机制创新的视角来看，王学梦、李敏尝试提出一个新的逻辑分析框架，即“接纳—嵌入—融合”，以此消弭“三社”之间的边界与缝隙，建构一个同构共融的“三社联动”生态系统。③ 胡雯、原珂、宣朝庆又提出以社区培力机制助力“三社联动”，社区培力机制以专业化辅导提升居民参与治理的能力，这是一种“自上而下”与“自下而上”相结合的辅导机制，更是一种完善社会协同、公众参与的社会治理创新机制。④ 而李文静、时立荣则提出以“社会自主联动”推动完善“三社联动”社区治理机制。⑤ 整体来看，这方面研究从实践创新出发进行经验总结提升的较多，一般认为，以机制创新推动“三社联动”实践是当下促进社区治理创新的一种有益选择。

---

① 韩冬雪、李浩：《复合制结构：“联合党建”与“三社联动”科学对接》，《理论探索》2017 年第 5 期。

② 吴江、范炜烽：《“三社联动”社区治理模式的反思与提升》，《云南社会科学》2018 年第 6 期。

③ 王学梦、李敏：《接纳、嵌入与融合：“三社联动”的内在机理与关系建构》，《治理研究》2018 年第 6 期。

④ 胡雯、原珂、宣朝庆：《社区治理与服务创新：社区培力助力“三社联动”》，《理论探索》2019 年第 4 期。

⑤ 李文静、时立荣：《“社会自主联动”：“三社联动”社区治理机制的完善路径》，《探索》2016 年第 3 期。

（四）“三社联动”推动民政工作创新发展

从实践角度来看，民政领域推动“三社联动”有着现实的内在需求，这不仅因为这些工作属于民政系统的内部业务，还因为这有可能会带来诸多“化学反应”，而不是简单的三项业务相加。“三社联动”的具体实践，将有利于推动实现民政系统内部行政资源再整合、业务流程再造，以此最大限度地提升社区公共服务质量，优化社区建设制度环境。也可以说，“三社联动”要在三个方面下功夫、见成效：一是提高社区自治能力，不断完善基层建设的相关机制；二是孵化和发展社区社会组织，提高群众组织化程度，增进基层社会活力，不断扩大居民社区参与度；三是发展社区社会工作服务，以专业化带动社区治理能力的全面提升。2015 年 10 月 22 日，民政部在重庆召开全国社区社会工作暨“三社联动”推进会，会议明确要求各地加快推进社区、社会组织、专业社会工作“三社联动”。[①] 当前，各级民政部门正在积极主动探索具有地方特色的“三社联动”实践创新。相信未来一段时期内，“三社联动”不仅会成为民政部门着力推动的重要工作，而且也会成为实现民政工作创新发展的重要方式和方法。

综上所述，已有研究和实践对于深入理解社区治理中的“三社联动”具有重要的理论价值，为把握“三社联动”的内涵、框架与路径提供了重要的理论基础和价值导向。但与推动社区治理体系和治理能力现代化的进程相比，我们发现，当前城市社区治理中“三社联动”的有效、可持续互动机制还不完善、不稳定，这既是导致当下城市社区治理出现诸多困境的成因所在，也是推动社区治理体系与治理能力现代化的障碍性因素。一定程度上，城市社区治理的难题既在于政府如何

---

① 《深入推进“三社联动”创新基层社会治理》，新华网，2015 年 10 月 22 日，http://www.xinhuanet.com/politics/2015－10/22/c_1116911231.htm。

给各类社区治理主体参与社区公共事务和解决公共问题提供有效的制度支持和资源支撑,又在于各类社区治理主体之间如何互动以及是否有能力和有动力来参与治理实践,并在实践过程中实现合作共治。

以往有些研究强调社区成员是相对单一的,或者说社区服务指向的重点是相对固定的居住人口,但随着社会流动速度的加快,今日的社区成员构成日益复杂,不仅有相对稳定的居住人口,还有大量的流动人口,这些流动人口的构成也是多样的,比如有农民工、具有城市户籍的流动人口、外籍人口等。如何根据社区成员的复杂性构成来提高社区服务质量,是当前亟待解决的重大理论问题和现实问题。因此,要进一步通过深入探讨社区成员的复杂构成与需求结构的多样化来解释当前城市社区治理中“三社联动”的合理性。

另外,以往研究虽然都认识到社区参与对于社区治理的重要性,而且也从各个层面探讨了提高公众参与的具体路径,但总体来看,这些路径缺乏整体效应,有“碎片化”倾向。这是由于有些研究没有抓住社区“公共性”社会事务这一具有建构性的社会事实,也可以说是因为社区“公共性”社会事务没有对社区居民产生吸引力导致的。试想如果社区里的事务没有与居民“利益”产生联系,居民为什么要参与呢?为此,以组织的形态生产更多的社区“公共性”社会事务,并以专业社会工作的方式和方法来处理这种“公共性”社会事务,是当前提高社区参与度、增进社区凝聚力的迫切需要,而那种以单纯的行政性手段来动员居民参与的做法需要适时调整。在实践中,要以平台建设为根本,以项目化运行为重点来推动形成“三社联动”的新机制。

总之,在推动社区治理的“三社联动”实践中,要立足于社区社会组织的良性运行,根据城市社区特点,以城市更新、流动人口大量涌入、人口老龄化等问题为背景,通过详细的田野调查来认识城市社区治理“三社联动”的运行机制,分析当前城市社区治理的新阶段、新情况，即社区居民由单一构成向多样化构成转变、社区治理主体由一体向多元主体转变、社区管理由行政命令式向合作协商式治理转变、社区服务由保基本向延伸升级转变。因此，要围绕当前城市社区治理中“三社联动”的困境，从社区环境改善和社区人文精神培育维度出发，尝试建构城市社区社会组织参与社区治理的服务平台、志愿平台与文化平台，以此破解当前城市社区治理中“三社联动”实践所遇到的难题，进一步整合资源，搭建平台，建设引擎，在多元主体共治与积极参与的社会氛围中，实现城市社区治理“三社联动”可持续互动机制的规范化、制度化与精细化。当然，“三社联动”的内涵和外延也会随着实践发展而不断丰富、充实。

四　社区减负增效研究

随着政府职能转变及创新基层社会治理实践的积极开展，与培育社区社会组织紧密相关的重要实践——社区减负增效也备受关注。近年来，城市社区行政负担较重，社区机构多、牌子多、评比多、台账多等问题凸显，导致社区居民委员会忙于各种行政性事务，没有更好地发挥其应有的社会功能。于是，推动城市社区减负增效不仅成为推动政府职能转变、创新基层社会治理的重点工作，而且也成为“创新城市治理方式、加强城市精细化管理”的重要实践。

2015 年 7 月 13 日，民政部、中央组织部印发的《关于进一步开展社区减负工作的通知》（民发〔2015〕136 号）指出，“社区减负工作远未到位，行政事务多、检查评比多、会议台账多、不合理证明多等问题仍然非常突出”。此文件还明确提出，要积极培育发展社区社会组织，不断提升社区服务管理水平。从现实情况来看，如有的地方，“一个小小的社区,建立的组织机构有37个,活动阵地有27个,工作任务和指标项目有101项,创建达标评比有71项,网站及信息系统有27个,盖章证明项目有80项,光是台账资料就要做109套"①。这些过多负担不仅影响了社区自治和服务功能的正常发挥,而且也影响了社区治理体系和治理能力现代化的推动进程。因此,破解社区负担过重难题就成为如今城市社区治理实践的重要课题。特别是通过对城市社区行政负担重、自治功能弱化、服务能力不足的考察,分析社区减负增效困境的成因及其逻辑,建构社区减负增效的长效机制,推动政府职能转变、理顺政社关系、形成多部门参与社区减负增效的工作合力,提升社区治理专业化、社会化、精细化水平显得尤为迫切。

综合已有研究和资料来看,立足于探索社区治理实践的有效性,国内学者和实际工作部门关于社区减负增效研究与探索主要集中在以下几个方面。

第一,社区减负增效的理论基础。这方面研究主要集中在对社区本质及理论的探讨上,尤其关注社区"共同体"属性与社会发展的互动关系。赵定东、俞犁鲲认为,社区不仅可以利用自己贴近民众的优势,发展自身的福利服务,增进人际关怀,提高物质和精神生活质量,而且可以作为社会福利体系和社会救助体系的承接"平台",这对于当前中国"社区减负"具有重要影响。② 整体来看,这方面研究立足于阐释社区的实然与应然关系,探讨"有机团结和机械团结"的生成机制,探索解决社区减负增效的本土策略和当下价值。

第二,社区减负增效的规范性认识。这方面研究主要集中在对社区减负增效的背景、价值与意义等内容的讨论。在价值功能上,陈煜

① 杜晓红、蒋建国:《坚持履职为民 推进社区减负》,《江苏政协》2015年第1期。

② 赵定东、俞犁鲲:《社区减负:何以可能又何以为之——基于杭州市余杭区社区减负的实践分析》,《中国民政》2015年第23期。

婷、何海兵认为推动社区减负增效，是回应群众期盼、体现即知即改的一项重要举措，也是加强社会治理体系和治理能力现代化建设的基础性工作。[①] 张艳国也认为，牢牢牵住“减负增效”这个社区治理的牛鼻子，对于破解当前社区治理难点，优化社区治理结构，提高政府公共服务能力，提升社区治理绩效，推进社区治理体系和治理能力现代化等各项工作都具有十分重要的意义。[②] 在减负认知及内容上，李万钧认为，社区减负工作必须克服和纠正把社区当下属单位、把工作落实到基层理解为把任务交给社区居委会、把属地管理理解为社区居委会管理三个误区。[③] 谷中原、李亚伟认为，社区事责过多极易造成社区工作陷入被动局面，主要表现是社区服务效率下降、社区公信力下降、社区自治能力减弱、社区居民生活质量难以提高。[④] 通过查阅相关文件资料并结合学者研究可以看到，当前社区减负主要涉及依法确定社区工作事项、规范评比活动、清理组织机构牌子、精简台账、合法使用印章、加强社区信息网络建设等方面的内容。总的来看，学界对社区减负增效所带来的治理效能与社会价值共识较多。一定程度上可以认为，推动社区减负增效是对政府职能转变、社区治理体系与治理能力现代化的一种重要实践。

第三，社区负担过重成因分析。学者一般是从内外因关系的角度对社区负担过重的原因和制约因素进行分析的。唐忠新认为，社区负担问题根源于相对滞后的基层治理现状。[⑤] 汪善翔指出，“负担过重”表征的背后，深层原因是基层治理的缺陷，主要体现在以下两个方面。

① 陈煜婷、何海兵：《推进社区减负增效的问题分析和对策建议》，《中国民政》2015 年第 23 期。

② 张艳国：《牢牢牵住“减负增效”这个社区治理的牛鼻子》，《中国民政》2015 年第 23 期。

③ 李万钧：《从社区减负增效到基层治理创新》，《前线》2018 年第 7 期。

④ 谷中原、李亚伟：《减负增效：探索社区自我、内源、持续发展机制》，《中国民政》2015 年第 23 期。

⑤ 唐忠新：《社会治理视角下的社区减负问题探析》，《中国民政》2015 年第 23 期。

一是治理结构缺陷:政府主导过于强势与社区自治功能弱化的动态失衡;二是社区自治能力缺陷:治理主体素质偏低、社会组织培育迟缓。① 而施雪华、赵忠辰则指出,造成社区负担过重的主要原因有:社区的行政化色彩浓厚;社区自身的自治意识薄弱;社区工作人员的管理混乱、专业化程度不高;社区缺乏必要的经费保障。② 大体而言,可以认为基层社会管理体制导致社区行政化、权责不清,使社区角色偏离、社区自治功能失调,由此出现了以行政事务繁多为主要表现的社区负担过重现象。

第四,社区减负增效的途径探索。一般认为,社区减负与社区增效是紧密相连、辩证统一的,在指向上,减负增效要迈向"社区善治"③。从本质、根源探究的角度上看,赵定东、俞犁鲲认为,弱化"社区依赖"是社区减负的关键,厘清社区工作的实质是社区减负的基础。④ 金世斌、邱家林、吴江通过研究认为,社区减负要让社区回归自治本位,必须厘清街道和社区的职责定位;必须深化基层社会治理体制改革;必须积极培育社会组织;必须建立健全与社区自治相关的法规制度体系。⑤ 汪善翔也认为,社区"减负增效"还需回归自治本位,做到标本兼治,实现社区治理与基层行政管理的"无缝对接",进一步完善基层治理体系,形成政府与社区良性互动机制。⑥ 从具体工作推动的角度上看,李万钧认为,推进社区减负的工作措施主要有:依法确

---

① 汪善翔:《社区减负增效:困局、成因与治理——基于舟山市城市社区的调查与分析》,《浙江海洋学院学报(人文科学版)》2015 年第 3 期。

② 施雪华、赵忠辰:《中国社区减负增效的思路和方法》,《中国民政》2015 年第 23 期。

③ 邱继兴、龙军、禹爱华:《社区减负 职能归位》,《光明日报》2015 年 5 月 21 日第 4 版。

④ 赵定东、俞犁鲲:《社区减负:何以可能又何以为之——基于杭州市余杭区社区减负的实践分析》,《中国民政》2015 年第 23 期。

⑤ 金世斌、邱家林、吴江:《让社区回归自治本位——基于 N 市社区减负工作的调研与思考》,《南京社会科学》2017 年第 9 期。

⑥ 汪善翔:《社区减负增效:困局、成因与治理——基于舟山市城市社区的调查与分析》,《浙江海洋学院学报(人文科学版)》2015 年第 3 期。

定社区工作事项,建立社区工作清单;加强管理,明确社区职责,规范考核评比工作;全面清理社区减负事项,精简社区工作项目;完善政府购买服务制度,加强对社区社会组织的扶持培育;完善社区减负工作方法,加强对社区减负的督导检查;完善社区工作机制。[①] 施雪华、赵忠辰提出实现社区减负增效的思路与方法:完善社区的相关法律,建立严格的准入制度;培养居民的参与意识,促进社区的自治发展;调整社区内部的职能、权力和利益结构,强化多方平等共治的社区治理结构;提高社工人员的职业化程度和社区工作的专业水平;引导社区向社会组织购买服务,重视非营利组织的作用。[②] 蒋德生、田志梅又对社区减负增效提出六条建议,分别为推进政府职能转变,优化部门工作方式;建立社区工作准入制度,实现"权随责走、费随事转";加强社区服务站建设,强化公共事务承接功能;探索建立"社区、社团、社工、社区志愿者"联动机制;加强社区信息化建设,提升社区服务和管理水平;增强社区自治和服务功能,夯实基层服务管理平台。[③] 一般认为,社区减负目的是让社区回归自治和服务本位、提高社区服务效能、增强社区治理能力。为此,积极推动转变政府职能,理顺社区管理机制,建立多部门联合协调机制,突破行政依赖,通过培育社区社会组织、发动社会力量参与社区治理、提升居委会能力等系列措施和开展"三社联动、两工互动"来实现社区减负增效已成为加强基层社会治理创新的重要举措。

总的来说,已有研究和实践为进一步探索和推动社区减负增效提供了理论基础和实践参考,但也应该看到,现有研究和实践还缺乏整体性关怀、整合性思维,社区减负增效的制度体系及配套实施细则还

---

① 李万钧:《从社区减负增效到基层治理创新》,《前线》2018 年第 7 期。

② 施雪华、赵忠辰:《中国社区减负增效的思路和方法》,《中国民政》2015 年第 23 期。

③ 蒋德生、田志梅:《社区居委会减负增效的六条建议》,《中国社会报》2015 年 2 月 2 日第 2 版。

不够完善。因此,当前城市社区减负增效实践,要积极践行社区治理精细化,围绕社区治理体系和治理能力现代化建设,以治理的理论与思维来整体推动,实现政社良性互动。特别是要通过社会治理理论来解释和指导城市社区减负增效,阐释基层社会结构转型与当前城市社区减负增效的合理性、转变政府职能与创新社会治理的现实性,以此来优化社区治理结构、理顺基层社会治理机制、促进社区治理体系和治理能力现代化。进一步来说,推动城市社区减负增效需要用社会治理理论来重新看待政府与社会的边界、厘清政府与社会的关系,亟须用治理思维进行系统性、整体性统筹谋划,更要突破“就事论事”的限制,不能“为减负而减负”,要把社区减负增效放在社会结构转型、社会治理创新中进行“顶层设计”。这是因为,在城市社会“单位人”向“社区人”转变进程中,社区空间的生活意义和社会价值日益凸显,社区结构与功能也出现了新变化,这种变化促使城市基层社会治理结构、机制和实践均发生了变革,在此过程中产生了一些“结构性”治理难题。

从操作层面来看,在已有研究和实践中,学术界和实际工作部门对建立社区准入制度已形成一定共识,但对完善社区准入制度及其配套政策的探讨还不够深入。细化的配套政策体系不够完善,导致社区减负工作缺乏操作性,难以评估。因此,我们认为,要系统梳理社区工作事项清单,完善社区治理结构,评估社区减负增效政策效果,进一步健全社区准入制度及其配套政策,探索建立适合大城市社区减负增效的综合监督机制。具体来看,就是要以法治的方式,围绕规范行为和明确职责,系统梳理社区工作事项,摸底社区机构牌子、考核评比、台账等情况,明晰社区工作事项依据,细化和健全社区准入制度及其配套政策体系;全面规范社区公共事务,对于依法履职事项、协助事项和取消事项实现清单管理;善于听取居民委员会和居民意见,制订、调整社区工作清单,做到清单明晰规范;全面评估社区减负增效效果,探索实行第三方评估，建立社区减负增效综合监督机制。在这些具体实践过程中，不仅要将社区社会组织的培育发展贯穿实践之中，助推社区减负增效顺利开展，而且也要将社区社会组织的相关机制看作践行"群众路线"的一种方法，既要考虑解决社区负担的"存量"问题，又要关注增效手段和方式的创新。可以说，以社区社会组织培育发展为抓手推动社区治理结构调整、打造社区治理新合力，能够使我们对社区减负增效有更多期待。

五 社区志愿服务研究

从实践上来看，我国有组织地开展社区志愿服务开始于 20 世纪 80 年代末。从"基于社区"的社区志愿服务组织的产生、活动范围等方面来看，一定程度上，可以将这些社区志愿服务组织看作我国社区社会组织的一类或早期形态，只是那时在形式上还没有社区社会组织这一称谓，如"1989 年 10 月，民政部在杭州召开全国社区服务经验交流会……民政部提出在全国城市社区服务工作中，要积极推广'社区服务志愿者协会''志愿者小组'等群众性的自我服务组织"①。从当前社区社会组织的活动方式和作用发挥等角度来看，社区社会组织的行为在实质上也可以认为就是社区志愿服务活动，而且很多社区社会组织的发起、运行实践就是在践行社区志愿服务精神。因此，研究关注当下社区社会组织有必要回顾和借鉴已有的社区志愿服务实践和学术成果。

我国在 2017 年出台的《志愿服务条例》中指出，志愿服务是指志愿者、志愿服务组织和其他组织自愿、无偿向社会或者他人提供的公

① 龙菲：《当代中国的社区志愿服务》，《城市问题》2002 年第 6 期。

益服务。在我国,从影响力和分布领域来看,志愿服务主要可以分为青年志愿服务、社区志愿服务、文化志愿服务等。那么,何谓社区志愿服务?一般认为,社区志愿服务是指为解决社区问题、促进社区进步而自愿贡献时间、才智或钱物,且不图报酬的行为。① 无疑,社区志愿服务是我国志愿服务实践的重要一类,其内在规定性上体现着志愿服务的精神实质。从归口管理的角度来看,社区志愿服务主要是由民政系统来具体推动、管理。《2018 年民政事业发展统计公报》显示,全年有 1072.0 万人次在民政领域提供了 2388.7 万小时的志愿服务;社区志愿服务组织(团体)12.9 万个。

从已有相关成果来看,特别是从社区志愿服务基本形态及实践创新的角度来看,目前关于社区志愿服务的研究主要集中在如下四个方面。

第一,社区志愿服务的基本形态。这方面主要表现在对社区志愿服务的界定、特征、动力、价值等的研究上②。在价值功能方面,龙菲认为,社区志愿服务是志愿者服务的一个重要方面,也是社区服务的一个重要组成部分,其作用主要是维系社区乃至整个社会的和谐与稳定,以及帮助志愿者个人丰富生活体验、学习新知识和技能等。③ 余逸群则认为,社区志愿服务的作用主要表现在其是构建和谐社会的重要措施,是加强公民道德建设的有效途径,是完善社会保障体系的组成部分等方面。④ 在类型分析方面,穆青认为,社区志愿服务的类型主要

① 北京志愿服务发展研究会:《中国志愿服务大辞典》,中国大百科全书出版社 2014 年版。

② 这方面的研究成果主要有龙菲:《当代中国的社区志愿服务》,《城市问题》2002 年第 6 期;穆青:《社区志愿服务的类型、内容与形式》,《北京青年政治学院学报》2008 年第 4 期;余逸群:《论社区志愿服务的作用》,《北京青年政治学院学报》2008 年第 4 期;毕素华:《网络治理视野中公民的社区志愿服务参与》,《理论探讨》2010 年第 6 期;杨小云:《论治理视域中的社区志愿服务体系建设》,《长春理工大学学报(社会科学版)》2016 年第 6 期等。

③ 龙菲:《当代中国的社区志愿服务》,《城市问题》2002 年第 6 期。

④ 余逸群:《论社区志愿服务的作用》,《北京青年政治学院学报》2008 年第 4 期。

有救济型、互助型、公共服务型、公民参与型。① 在概念界定方面,翟雁、宋煜将社区志愿服务分为“基于社区”与“面向社区”两类概念,提出社区志愿服务是指志愿者通过参与志愿服务组织,在社区从事的自愿、无偿和公益利他性的劳动服务。② 目前,关于社区志愿服务虽然还没有确切、权威的定义,但学界对社区志愿服务的基本内涵还是有一定共识的,比如活动范围在社区、非营利性的社会行为等。总的来看,这些研究对于深化社区志愿服务的理论认识具有重要意义,为后续研究奠定了重要基础。从发展趋势上看,社区志愿服务已成为我国社区建设与社区治理的重要内容,其在创新基层社会治理实践中的地位与作用越来越被人们关注和重视。

第二,社区志愿服务的难题困境。这方面主要表现在社区志愿服务行政化、缺乏需求调查与分析、参与人群固化、持续性差等的研究上。③ 在行政化倾向方面,谢泽宪认为,行政化倾向是发展社会志愿服务的主要障碍。④ 辛华、王猛的研究显示,我国社区志愿服务存在“行政化”与“去行政化”共存的两难困境,有三类矛盾制约社区志愿服务发展,分别是自愿服务与被动参与、运动式服务与常态化服务、个体服务与组织管理。⑤ 在持续性差方面,陈伟东、吴岚波的研究指出,中国社区志愿服务存在失灵现象,这种失灵是指社区志愿者囿于社区内外的某些因素,无法长期从事志愿服务,这集中表现在社区志愿服务无

① 穆青:《社区志愿服务的类型、内容与形式》,《北京青年政治学院学报》2008 年第 4 期。

② 翟雁、宋煜:《中国社区志愿服务发展报告》,载中国志愿服务联合会编著《志愿服务蓝皮书:中国志愿服务发展报告(2017)》,社会科学文献出版社 2017 年版。

③ 这方面的研究成果主要有谢泽宪:《行政化倾向,发展社会志愿服务的主要障碍——上海市浦东新区社区志愿服务的调查与思考》,《社会》2003 年第 1 期;陈国威:《推展社区志愿服务须注意的两个问题》,《社会工作下半月(理论)》2010 年第 2 期;王譞:《社区志愿服务发展研究——以北京、天津、重庆城市社区志愿服务为例》,《北京城市学院学报》2012 年第 5 期;陈少君:《公众参与社区志愿服务的影响因素与对策——以湖北省 H 市的 15 个社区为例》,《社会工作》2007 年第 6 期等。

④ 谢泽宪:《行政化倾向,发展社会志愿服务的主要障碍——上海市浦东新区社区志愿服务的调查与思考》,《社会》2003 年第 1 期。

⑤ 辛华、王猛:《三重矛盾:我国社区志愿服务的困境与破解》,《社会建设》2016 年第 1 期。

动力、持续性差两个方面。[①] 王譞则通过对北京、天津、重庆城市社区志愿服务的研究后认为,志愿服务缺乏需求调查与需求分析、志愿服务满意度较低以及志愿服务管理和活动开展缺乏固定场所和有效保障影响社区志愿服务可持续发展。[②] 整体来看,我国社区志愿服务面临的主要挑战及存在问题较为集中地表现在社区志愿服务的行政化问题、社区志愿服务多元主体可持续参与机制的不完善问题及社区志愿服务组织有序发展的瓶颈问题。

第三,特定人群参与社区志愿服务研究。这方面主要体现在对大学生、老年人、女性等群体的社区志愿服务参与的研究上。[③] 在大学生群体参与实践研究方面,田丽娜认为,大学生社区志愿服务不仅丰富了志愿服务的内容,而且实现了大学生成长与社区建设在双赢机制下的相互促进,大学生社区志愿服务以自身的优势为基础,以社区的资源为依托,以特定的群体为服务对象,参与社区服务和社区建设,促进社区进步和发展。[④] 贺红霞则认为,大学生志愿者组织及其志愿活动在弥补社区资源短缺、协调各方面社会关系、满足社区居民个性化需求和倡导社区文明等方面具有积极的促进作用。[⑤] 而张振宇、沈蓓绯认为,服务学习对深化发展我国大学生社区志愿服务有着积极的启

---

① 陈伟东、吴岚波:《困境与治理:社区志愿服务持续化运作机制研究》,《河南大学学报(社会科学版)》2018 年第 5 期。

② 王譞:《社区志愿服务发展研究——以北京、天津、重庆城市社区志愿服务为例》,《北京城市学院学报》2012 年第 5 期。

③ 这方面的研究成果主要有吴亦明:《弱势群体社区志愿服务的参与认同及其意义》,《中国青年政治学院学报》2005 年第 4 期;田丽娜:《大学生社区志愿服务长效机制初探》,《思想教育研究》2009 年 S2 期;贺红霞:《和谐社会视阈下的大学生社区志愿服务》,《继续教育研究》2010 年第 12 期;张振宇、沈蓓绯:《大学生社区志愿服务深化发展的思考——以美国学校服务学习为鉴》,《中国青年政治学院学报》2011 年第 3 期;沈蓓绯:《社区志愿服务:女性社会角色建构的有效路径》,《广西社会科学》2011 年第 5 期等。

④ 田丽娜:《大学生社区志愿服务长效机制初探》,《思想教育研究》2009 年第 S2 期。

⑤ 贺红霞:《和谐社会视阈下的大学生社区志愿服务》,《继续教育研究》2010 年第 12 期。

示。[①] 在老年人参与方面，谢立黎对我国城市老年人参与社区志愿服务的现状与影响因素进行了分析，提出城市老年人参与社区志愿服务存在高意愿、低参与的现象，影响其参与的主要因素包括人力资本（受教育程度、健康状况和经济状况）、社会资本（朋友关系）、文化资本（政治面貌）和社区宜居程度。[②] 整体来看，特定群体参与社区志愿服务的研究以大学生、老年人为对象的群体居多，同时，对于女性、弱势群体等参与社区志愿服务也有关注。可以说，这些研究为具体、深入理解志愿服务的行动取向、社会价值等提供了分析视角和切入点，为应对社区志愿服务实践所面临的挑战、推动社区志愿服务新探索贡献了智识。

第四，社区志愿服务模式及机制创新研究。这方面研究主要包括品牌化建设、家庭式服务参与、运行模式分析、工作机制创新等内容。[③] 在品牌化建设方面，王春兰、袁明符认为，坚持品牌化的特色发展道路，是社区志愿组织提高整体服务品质与服务能力，促进自身持续发展的必由之路。[④] 赵怀娟、夏伟则认为，推动社区志愿服务品牌建设应

---

① 张振宇、沈蓓绯：《大学生社区志愿服务深化发展的思考——以美国学校服务学习为鉴》，《中国青年政治学院学报》2011 年第 3 期。

② 谢立黎：《中国城市老年人社区志愿服务参与现状与影响因素研究》，《人口与发展》2017 年第 1 期。

③ 这方面的研究成果主要有王艳：《社区志愿服务组织与激励的制度分析》，《社会》2003 年第 1 期；陈晓春、钱炜：《城市社区志愿服务激励机制研究》，《福建行政学院学报》2010 年第 3 期；张勤、武志芳：《社会管理创新中社区志愿服务利益表达的有效性》，《理论探讨》2012 年第 6 期；王春兰、袁明符：《我国社区志愿服务的品牌化发展探讨》，《重庆工商大学学报（社会科学版）》2011 年第 4 期；赵怀娟、夏伟：《社区志愿服务品牌建设：经验、问题与对策——以 W 市“一米阳光”为例》，《理论导刊》2013 年第 7 期；张网成、张晓、郑瑾：《推动家庭式志愿服务兑换 创新社区志愿服务发展模式》，《社会治理》2017 年第 4 期；吴显连、叶雪霞：《家庭式参与让社区志愿服务更具活力》，《中国社会工作》2017 第 28 期；宋煜：《助推社区志愿服务发展的建议》，《中国国情国力》2017 年第 10 期；徐祖荣：《论社会资本的资源整合与社区志愿服务的开展——从社会管理创新的视角分析》，《黑龙江社会科学》2013 年第 1 期；张祖平：《社区志愿服务中心运作模式研究：以上海市闸北区为例》，《青年学报》2016 年第 1 期等。

④ 王春兰、袁明符：《我国社区志愿服务的品牌化发展探讨》，《重庆工商大学学报（社会科学版）》2011 年第 4 期。

厘清政府的职能与角色,提高志愿服务机构的供给能力,强化品牌美誉度建设,并慎用品牌延伸策略。① 在促进家庭式参与方面,张网成、张晓、郑瑾认为,推动家庭式志愿服务兑换,可以创新社区志愿服务发展模式,有效改变现有社区志愿服务模式供给能力不足的局面。② 在机制创新方面,曾天雄、卢爱国提出,既要将社区志愿服务的安排者、生产者、消费者分开,将社区志愿服务的直接安排者与间接安排者分离,又要通过社区志愿服务项目制实现政府、社区居委会、社区志愿组织、社区成员主体间的协调合作。③ 而郭彩琴、张瑾则提出,结合结构调整与功能优化的实践需求,全力发展基层"党建引领"型志愿服务是激活治理活力和再造基层治理秩序的可行路径之一,通过党建引领、重心下沉,形成志愿服务的全嵌入治理模式,实现志愿价值重塑、组织网络重构与服务机制协同,以参与有效性和创新性为重心,循序实现社区志愿服务的在场性、专业化和服务力创新提升。④ 总的来看,对社区志愿服务的党建引领、社会化运作、回馈激励等方面的研究对于推动社区志愿服务与基层社会治理创新相融合具有积极价值。一定程度上,在新阶段对于模式创新等方面的探讨已成为推动社区志愿服务发展制度化的研究重点。社区志愿服务与社会文明进步、基层社会治理创新、人民群众对美好生活向往密切相关,推动基层社会治理体系与治理能力现代化需要不断加强社区志愿服务。

总体而言,以往相关研究为深入推动社区志愿服务提供了理论指

---

① 赵怀娟、夏伟:《社区志愿服务品牌建设:经验、问题与对策——以 W 市"一米阳光"为例》,《理论导刊》2013 年第 7 期。

② 张网成、张晓、郑瑾:《推动家庭式志愿服务兑换 创新社区志愿服务发展模式》,《社会治理》2017 年第 4 期。

③ 曾天雄、卢爱国:《分开与合作:社区志愿服务机制创新研究》,《湘潭大学学报(哲学社会科学版)》2014 年第 1 期。

④ 郭彩琴、张瑾:《"党建引领"型城市社区志愿服务创新探索:理念、逻辑与路径》,《苏州大学学报(哲学社会科学版)》2019 年第 3 期。

导，这些研究不仅阐释了社区志愿服务的功能和价值，而且也指出了社区志愿服务的发展困境和现实挑战，还讨论了社区志愿服务的机制创新和发展方向。虽然关于发展社区志愿服务的理念及宏观制度安排已经形成了社会共识，社区志愿服务在实践中也产生了积极效应，但从创新基层社会治理实践的总要求来看，还存在理论创新不足、组织化作用发挥不充分等问题。因此，探索新时代社区志愿服务制度与实践创新，还需要尝试构建整合性理论分析框架，重视总结提升，注重"知识性"观照，适时进行理论化提炼，丰富发展社区志愿服务的理论认识。特别是在当下，积极推动社区志愿服务制度化和体系化，要以组织化建设促进社区志愿服务发展规范化、常态化为突破口，加大培育发展社区志愿服务组织力度，以此进一步探索社区志愿服务发展规律、构建社区志愿服务多方参与机制、搭建社区志愿服务平台、弘扬志愿服务精神。

第二章

社区社会组织参与社区治理的实践创新：以天津为例

近年来，随着城市基层社会治理创新的有力推进，各地积极努力推动对社区社会组织的培育发展，不断探索社区社会组织参与社区治理的实践创新。这一章，我们以天津的实践为例，从基本面出发，考察、分析社区社会组织培育发展的现状和进程，进一步理解社区社会组织的管理服务、培育扶持、政策导向等内容。

一　天津市社区社会组织发展概况

从全国来看，“2018 年，据不完全统计，全国社区社会组织数量已达 39.3 万个，基层民政部门登记 6.6 万个，街道和社区管理 32.7 万个，平均每个省 1.57 万个（数据来源：全国社区社会组织改革发展经验交流暨工作推进会）”①。截至 2019 年底，天津市备案类社区社会

① 王昊男：《社会治理，奏好“交响乐”（一线探民生・会后探落实⑥）》，《人民日报》2019 年 3 月 29 日第 14 版。

组织总数为 23588 个,枢纽型社区社会组织为 257 个。至少从数量角度来看,天津市社区社会组织发展的基本态势还是向上的。下面我们以 2016 年天津市社区社会组织的数据来具体观察。截至 2016 年 3 月,天津市社区社会组织总数为 26165 个,其中枢纽型社区社会组织 237 个、基础型社区社会组织 24145 个(基础型社区社会组织主要分为五类,分别为社区服务类 6200 个、社区事务类 4016 个、慈善救助类 1405 个、文化体育类 11356 个、社区维权类 1168 个)、特色型社区社会组织 1783 个。① 从中可以看到,天津市社区社会组织在类型上主要是以文化体育类社区社会组织居多,其次是社区服务类。一定程度上,可以认为,文体类或主要以兴趣爱好为主的社区社会组织既是我们当前推动社区社会组织改革的基础和现实,也是我们深入理解、把握做好社区社会组织培育发展工作的重要逻辑起点,在此基础上如何加大引导扶持力度、发挥自组织力量、从自益到公益等实践才会显得更有实际意义。从登记与备案的角度来看,天津市枢纽型社区社会组织②一般是注册登记的,其他类型的社区社会组织绝大多数是备案的。从行政区的角度来看,在数量分布上,滨海新区的社区社会组织数量最多。另外,天津市内六区(和平区、南开区、河西区、河东区、河北区、红桥区)的社区社会组织整体数量占全市的比重最大,这也能够大致说明目前社区社会组织主要集中在城市社区的客观现实。

---

① 据了解,近年来因社区社会组织管理体系、分类标准等方面的变动,较为细致的统计数据难以获得,为此,本书此处以 2016 年的数据为例,大致勾勒出天津社区社会组织发展的基本面。这些数据来自 2016 年 3 月笔者参加天津市社会团体管理局(现更名为天津市社会组织管理局)组织的有关社区社会组织的调研。

② 天津市枢纽型社区社会组织主要是指街道社区社会组织联合会,其在天津市社区社会组织整体发展中发挥了重要作用,后面将会有专门章节对其进行介绍和分析,在此不进行详细说明。

表 2－1　天津市社区社会组织的类型及数量（截至 2016 年 3 月）

社区社会组织类型		数量（个）
枢纽型社区社会组织		237
基础型社区社会组织	社区服务类	6200
	社区事务类	4016
	慈善救助类	1405
	文化体育类	11356
	社区维权类	1168
特色型社区社会组织		1783
总计		26165

关于天津市社区社会组织管理服务机制，我们主要可以从相关政策文本上来了解、分析。在这些相关政策文件中，我们认为，2013 年 4 月天津市民政局制定的《关于加强社区社会组织建设的意见》（津民发〔2013〕35 号）①对推动天津市社区社会组织整体发展具有“里程碑”式的重要意义，其为后续改革发展和政策更新奠定了重要基础，在一定程度上，可以认为正是这个政策文件的出台，使天津社区社会组织改革发展较快地实现了正规化、步入了快车道。具体来看，这个政策文件对天津培育和发展社区社会组织进行了系统全面部署，明确了社区社会组织的管理制度、组建模式、扶持培育等具体内容，形成了具有天津特色的社区社会组织管理服务工作模式。如在组建模式上，提出天津社区社会组织发展“1＋N＋X”模式，“‘1’是指每个街、乡镇建立 1 个枢纽型社区社会组织联合会（或服务中心），负责对辖区内社区

① 据了解，2018 年 11 月，天津市根据有关社会组织发展的最新政策精神及实际发展需要，制定了《天津市民政局关于大力培育发展社区社会组织的指导意见》（津民发〔2018〕61 号），以此进一步加强社区社会组织培育发展。因考虑到政策的惯性及体系的完备和延续等因素，为了更全面、深入地展现社区社会组织改革发展，在此仍采用 2013 年的政策文件对有关情况进行描述分析。

社会组织的引导、服务和管理；'N'是指每个社区建立若干个基础型社区社会组织，主要包括社区服务、社区事务、慈善救助、文化体育、社区维权等；'X'是指每个社区根据居民构成，建立具有本社区特点的特色型社区社会组织"。又如在管理体制上，实行统一登记备案，"街、乡镇是备案服务与管理的主体，对具备登记条件的社区社会组织，直接向所在区县民政部门申请登记注册；对不具备登记条件的社区社会组织实行统一备案"。一般来说，在组织体系架构上，备案类社区社会组织是所在街道社区社会组织联合会或服务中心（枢纽型社区社会组织）的成员。此外，2017 年 3 月，天津市制定并出台了《关于改革社会组织管理制度促进社会组织健康有序发展的实施意见》（津党办发〔2017〕8 号），也提到要"大力培育发展社区社会组织"，并对完善管理体制（居委会根据街道委托负责日常业务指导和备案的初审、上报）、鼓励支持发展（重点培育养老服务类、社区服务类、扶危助困服务类和慈善救助类社区社会组织）、强化服务功能等进行了明确规定。整体来看，天津市社区社会组织管理服务体系较为完备，工作机制较为完善，实践活动较为丰富，在党建引领、扶持孵化、动态管理、指导监督、资金支持、"三社联动"等方面均做出了有益探索。

从实践来看，天津社区社会组织的快速发展既离不开社区建设的内生性需要，更离不开政府相关部门的积极推动和政策引导，特别是在 2013 年《关于加强社区社会组织建设的意见》出台后，天津社区社会组织的培育发展进入了快速成长期。比如，在提出实施社区社会组织倍增计划之后，天津市社区社会组织的数量确实有了大幅提升。2013 年天津市社区社会组织总数为 13464 个，2014 年天津市社区社会组织总数为 15512 个，而到了 2015 年，天津市社区社会组织总数已达到 24296 个。整体来看，天津市社区社会组织数量在不断增加，涉及领域不断细化，类别也更加多样。除了文化体育类、社区事务类外，社区服务类、公益慈善类、社区维权类以及特色型社区社会组织也在不断增多。近年来,天津又根据最新的政策文件精神要求,对符合中央文件精神所倡导、有指引的社区社会组织加大了支持力度,培育成效也较为明显。一般来说,社区社会组织有两种比较常见的成立方式或渠道,一种是行政机关或群团组织从上到下推动成立的,这种社区社会组织主要涉及社区事务等;另一种是居民群众自发成立的,根据兴趣爱好、志愿精神组建的,草根性、民间性非常明显,这种社区社会组织主要涉及社区文体娱乐活动等。而从天津的实践来看,随着开展社区社会组织培育工作的不断深入,发展社区社会组织的方式更加灵活多样,项目培育、以社育社等也成为培育发展社区社会组织的创新形式和重要渠道。如西青区成立西青区社会组织孵化培育与发展中心,为10个街镇和50余个社区社会组织提供200余次政策咨询,孵化培育72个社区社会组织①;和平区建立区社会组织孵化中心,大力培育发展社区社会组织,在街道、社区建立社会组织联合会,有效整合辖区社会组织资源②;泰达开展"四社互动"社区营造项目,通过招募社工、社区自组织、社会组织、社会企业代表、骨干居民组建了社区营造训练营,培育宣讲团,引导各社区开展营造行动,项目在11个社区培育备案互助类、成长类、服务类等20个社区社会组织,增能业主委员会联合会、社区共事会等社会组织③。

---

① 《推动民政事业高水平发展取得新成效》,《天津日报》2019年9月13日第10版。

② 陈爱义:《让群众有更多获得感幸福感安全感——和平区"1+1+3"城市基层党建引领体系成果丰硕》,《天津日报》2019年11月13日第19版。

③ 许卉:《"四社互动"推动社区治理》,《滨海时报》2019年8月2日第9版。

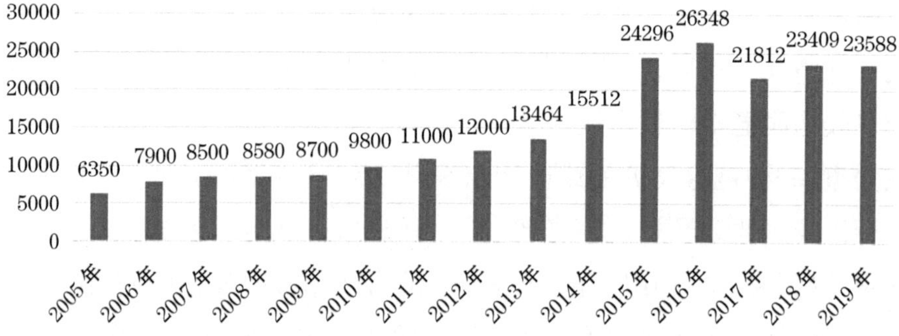

图 2-1 2005 年至 2019 年天津市社区社会组织数量情况(单位:个)①

一定程度上,可以认为,政府引导是天津市在社区社会组织培育和发展上的突出特点。天津不仅在市级层面专门出台政策指导扶持社区社会组织发展,而且在区级、街道层面也通过政策创新与实践创新培育社区社会组织,引导社区社会组织参与社区建设、社区治理。

以南开区为例,南开区印发了 2 个社区社会组织建设方面的文件,即《南开区关于加强社区社会组织建设的意见》《南开区社区社会组织备案管理暂行办法》。在具体实践上,南开区通过公益创投培育社区社会组织,如举办南开区学府街公益创新项目大赛;利用网络信息化手段开展社区社会组织建设工作,如体育中心街社区社会组织联合会利用"体中社团"微信公众号宣传、报道社区社会组织各类实践;开展"一街一品牌,一居一特色"活动,等等。截至 2016 年 3 月,南开区共有社区社会组织 3235 个,其中登记注册 25 个,备案 3210 个。按

---

① 此图中的社区社会组织部分数据是笔者在 2016 年调研时所得,2016 年以后的社区社会组织数量仅为备案类的社区社会组织。还需要说明的是,2017 年以来,随着"挤水分"、清除长期不活动"僵尸型组织"等各种措施的开展,天津市社区社会组织在数量上有了一些变动,但整体趋势是更重视发展质量。关于此方面的情况,还可以通过有关文章得以佐证,如天津市在调研社区社会组织时,发现备案社区社会组织因变动性大而出现统计困难问题,为压实基础工作,市社管局采取社区社会组织再备案、重新核准措施,在全市各区推行清单管理、建立台账,并进行实地、电话等抽查方式开展全面检查、压水分活动,最终核准全市备案社区社会组织总数为 2.2 万个。(杜娟:《天津:依靠调研改进推动社会组织工作》,《中国社会组织》2018 年第 3 期。)

类型划分，南开区枢纽型社区社会组织 13 个，基础型社区社会组织 3210 个（社区服务类 357 个、社区事务类 684 个、慈善救助类 342 个、文化体育类 1656 个、社区维权类 171 个），特色型社区社会组织 12 个。在南开区枢纽型社区社会组织中，比较典型、具有特色价值的是成立于 2011 年的王顶堤街社会组织发展促进会。截至笔者调研时，该促进会孵化备案类社区社会组织 414 个，专职工作人员由最初的 6 人发展为 28 人。

又如滨海新区，该区通过多种举措，加大财政投入和专业培训力度，积极培育和引导社区社会组织参与社区建设、社区治理，尤其是在其开展的社会组织公益创投活动中，滨海新区专门拿出一些项目让社区社会组织来承担，活动中涌现出了如大港街“十大员”俱乐部等具有一定知名度和社会影响力的社区社会组织。据 2016 年 1 月 16 日《滨海时报》报道，近年来，滨海新区不断加大对社区社会组织的扶持力度，鼓励其参与社区事务，社区社会组织从 2013 年的 1300 多个、2014 年的 1731 个，增加到目前的 3266 个，其中塘沽地区 1252 个，汉沽地区 739 个，大港地区 1003 个，开发区 240 个，生态城 32 个；社区服务类 1180 个，社区事务类 313 个，慈善救助类 246 个，文化体育类 1173 个，社区维权类 286 个，其他类 68 个。① 据 2019 年 11 月 29 日《天津日报》的文章显示，滨海新区“社区社会组织从 1000 多家发展到现在的近 4000 家”②。总的来看，这些社区社会组织在该区的各类社区实践中发挥了提供社区服务、畅通表达渠道等作用，有力地推动了社区服务质量提高、社区治理创新的有序开展。

---

① 张姝：《社区社会组织“开花结果”》，《滨海时报》2016 年 1 月 16 日第 1 版。

② 《推进社会组织健康有序发展—— 记滨海新区民政局社会组织管理室》，《天津日报》2019 年 11 月 29 日第 15 版。

二　重视发挥社区社会组织在社区建设与社区治理中的作用

伴随社区治理创新实践的积极开展,社区社会组织在天津社区建设与社区治理中的地位越来越重要。在实践中,天津不断完善社区社会组织的培育扶持制度,通过制度性安排将社区社会组织培育发展纳入基层社会治理体系和政策规划中,以此夯实基层社会治理基础。特别是通过政策创新、实践创新,引导社区社会组织"动起来",营造了重视和推动社区社会组织参与社区建设、社区治理的良好氛围,政策发展环境得以持续改善,不仅社区社会组织平台建设得以加强,而且财政支持力度也进一步加大。如2016年出台了《天津市社区公益事业专项补助经费使用管理暂行办法》(津民发〔2016〕12号),其中明确了社区公益事业专项补助经费是指用于社区助老助残助困助孤等政府购买社区社会组织服务项目的资金,专项补助经费按每年每户12元标准从市级福利彩票公益金中提取,并随经济社会发展和社区工作需要适时提高提取标准。2019年3月,天津又出台了有关社区公益事业专项补助经费使用办法的文件,以此进一步加强资金保障力度,提高资金使用效率,优化经费保障制度环境。①

① 在诸多政策中,有关资金方面的支持政策是影响社区社会组织培育发展的重要变量。2019年3月17日,天津根据实践发展需要出台了《天津市社区公益事业专项补助经费使用管理办法》(2016年出台的《天津市社区公益事业专项补助经费使用管理暂行办法》同时废止),其中关于专项补助经费的定义为:社区公益事业专项补助经费是指用于社区助老助残助困助孤等政府购买社会组织服务项目的资金。专项补助经费的使用规定为:市财政按照每年每户12元标准,综合考虑上年度专项经费结转情况安排当年市级补助资金;市级转移支付金额=12元×各区户籍人口户数-上年度各区专项资金结余结转金额。在此介绍,主要是可以将此内容与2016年的进行对比观察,以进一步理解政策的变化及可能对社区社会组织培育资金供给的影响。

此外,天津还通过培育发展社区社会组织助力社区减负增效工作有序开展。社区减负目的在于让社区回归自治和服务本位、提高社区服务效能、增强社区治理能力。可以说,推动社区减负增效是创新社会治理在基层实践的必然过程,其对促进政府职能转变、社区治理体系与治理能力现代化具有十分重要的意义。在实践中,天津通过出台社区准入制度规范行为、明晰社区工作事项依据、加强社区信息化建设等多种措施和方式推动社区减负增效,此过程中的重要实践经验就是通过积极培育发展社区社会组织、充分发挥社区社会组织载体作用促进社区减负。当然,社区社会组织参与社区减负增效的实践是多方面的、多维度的。比如,通过政府购买公共服务方式,发挥社区社会组织作为一类特殊社会力量的相对优势,推动多元主体共同参与社区治理实践。探索拓展社区社会组织孵化培育资金的多种来源渠道,建设孵化基地,扶持、壮大社区社会组织,不断提升社区社会组织参与社区治理的能力。针对实践需求,重点培育为老年人、妇女、儿童和残疾人等特定群体服务的社区社会组织。释放社会空间,创造条件让社区社会组织参与各类社区公共服务。积极推动社区、社工与社会组织"三社联动",促进社区社会组织参与基层社会治理,发挥各类社区社会组织在社区公共服务需求表达和监督评价中的积极作用,使社区社会组织真正成为社区治理的重要主体,成为基层治理体系中的重要协同力量。

在调研中,我们发现,对于有的社区来说,社区社会组织已成为能够提供社区服务与开展社区治理的助手和伙伴、成为发动居民参与社区公共生活的重要手段和平台。笔者曾咨询过一位居委会主任如此重视社区社会组织培育工作的原因。她坦言:"培育社区社会组织主要是为了开展工作、解决社区问题。"在这个社区,社区社会组织已成为推动社区多项工作的重要抓手,比如在文明楼门创建、社区志愿服务开展、社区环境整治、老旧小区改造与更新等工作中都能看到社区社会组织的身影。实践表明,通过参与一些具体的社区实践,有的社区社会组织不仅帮助社区分担了很多事务,减轻了社区负担,而且也不同程度地满足了居民对社区服务多元化和个性化的需求。

从整体来看,天津将发展社区社会组织纳入社区建设和社区治理的整体布局当中,积极推动社区社会组织参与社区文化、社区服务、社区公益、社区志愿、社区自治、社区调解、社区安全、社区减负增效等各种实践。

在社区层面,有的社区通过培育社区社会组织营造社区文化氛围,如虎林里社区培育"好林居"文化艺术团、"林之音"合唱队、"行云流水"太极队三个文体类社区社会组织,把社区各个年龄层次、爱好广泛的居民团结凝聚在一起,开展多种形式的沟通、交流、展示,激发社区群众参与热情,使居民在文化交流互动中升华对社区的感情,形成邻里互联的群众文化、家园文化。① 有的社区通过社区、社工、社会组织、社会资源"四社"互动帮助社区社会组织解决问题,如紫云社区专门向社区社会组织进行了需求调查,得知社区京剧队和二胡队缺少乐谱架一事正让队员们十分苦恼后,社区联系了廊坊银行,该银行决定捐赠乐谱架,帮居民们解决难题。② 有的社区创新社区社会组织培育,关爱"一老一小"问题,如新城社区通过"双陪伴"计划以丰富社区老人业余文化生活、持续增进老年人及其孙辈的隔代交流、提升社区居民骨干参与社区建设的积极性、创新社区社会组织培育发展方式、营造浓厚的社区参与氛围为目标,不断提高随迁老人及其家庭与社区的融合度,在丰富多彩的活动中实现关爱"一老一小"。③ 有的社区提供

---

① 刘志鸿、袁巍:《集贤里街虎林里以党建引领社区治理创新》,《天津日报》2019 年 12 月 26 日第 22 版。

② 许卉:《社区乐队缺乐谱架企业送来"及时雨"》,《滨海时报》2019 年 11 月 28 日第 5 版。

③ 王彤:《"漂泊"老人津南有新"家"》,《天津日报》2019 年 11 月 28 日第 27 版。

“为老服务”,如东海街松江里社区针对社区人口老龄化率较高的状况,成立了20多个社区社会组织,定期开展各类文化活动,并依托社区内的终身学习服务中心,定期向老年人开展培训讲座。① 有的社区通过社区社会组织助力“创文”活动,如依托社区社会组织举办“共享文明成果 共建平安家庭”文艺晚会、“文明靠大家 幸福你我他”消夏晚会、评剧专场等大型文艺会演等。②

在区级层面,如河东区,重点培育养老服务类、社区服务类和志愿服务类公益性社区社会组织,推动建立多元主体参与的社区治理格局。③ 还有的区通过培育社区社会组织参与社区治理的专项实践,解决热点问题,如东丽区引导社区社会组织参与垃圾分类,依托社区社会组织“微创投”项目,引导社区居民、志愿者积极参与社区垃圾分类,经过项目征集,共收到来自11个街道、95个社区提交的98个项目,其中69个项目涉及社区生活垃圾分类,推动东丽区社区环境改善工作。④

总之,天津通过这些形式多样的社区实践活动,不仅调动了居民广泛参与社区建设、社区治理的热情和积极性,而且增强了社区社会组织自我服务、自我管理能力,扩大了社区社会组织的知名度和影响力。通过引导社区社会组织参与社区建设、社区治理,不仅使社区社会组织成为提供部分公共服务的参与者、承接者、监督者、受益者,而且也增进了社区社会组织对社区的认同感和归属感,弘扬了社会正能量,提高了社区共治和社区自治的整体水平。

① 刘超:《本市加速健全养老服务网》,《今晚报》2019年5月28日第1版。

② 刘芸:《把创文做成实实在在的惠民工程——记寨上街平阳里社区党委书记、居委会主任李静》,《滨海时报》2018年12月5日第2版。

③ 《聚焦主责主业 让惠民政策落地生根》,《天津日报》2019年8月23日第11版。

④ 《凝心聚力创建文明城区真抓实干建设美丽家园》,《天津日报》2019年8月15日第16版。

三　积极引导社区社会组织参与公益创投实践

近年来，天津在市区两级层面积极开展社会组织公益创投活动①，并通过这些活动所实施的各类项目来引导社区社会组织参与社区治理，取得了一定成效。因公益创投项目一般都要求承接项目的社会组织是注册的，所以备案类社区社会组织所承接的项目，有很多是依托所在街道辖区的枢纽型社区社会组织，以“组团”的形式来承接，也就是说，申请单位是街道枢纽型社区社会组织，实施者是备案类社区社会组织。当然，也有直接申请的情况，这种情况在形式上较为灵活。

如天津经济技术开发区的公益创投就有专门面向社区社会组织的项目，这些社区社会组织就是在经济技术开发区社区居委会备案的各类社区社会组织（含各小区业主委员会）。② 以 2016 年为例，天津经济技术开发区面向社区社会组织开展的公益创投项目主要有：“我们好幸福”摄影公益活动（翠亨社区摄影沙龙）、“互联网 +”读书全民阅读推广公益活动（滨海读心书友会）、小橘灯草坪亲子读书会项目（紫云社区小橘灯志愿服务社）、“同住一小区，都是好邻居”邻里关系

---

① “公益创投指的是公益领域的创业投资。是基于社会需求与社会发展目标，组织资金向社会组织提供支持，从而实现社会回报最大化的发展公益事业的模式。与商业领域创业投资的最主要区别在于其非营利性和以社会效益最大化为目的。”（《天津市社会组织公益创投规程》DB12/T 634—2016）

② 天津经济技术开发区 2016 年公益创投项目申报总体情况简要介绍如下：申报项目共计 43 个，分社会服务类、组织促进类、民生建设类三个类别，申请资金近 76 万元；共有 17 个社会组织（正式注册）参与项目申请，如滨海鹤童老年服务中心、开发区鸿信文体发展中心、新滨海义工协会、滨海新区知行社会服务中心、开发区慈善协会、开发区志愿者协会、泰达青少年培训中心、开发区老年人协会等；由社区社会组织（备案）申报的项目共有 26 个，各个社区分布情况是翠亨社区 2 个、华纳社区 4 个、康翠社区 3 个、紫云社区 4 个、雅园社区 3 个、芳林社区 2 个、时尚广场社区 2 个、福瑞社区 3 个、泰丰社区 3 个。

促进项目（阳光花园业主委员会）、业主委员会自身建设和小区安全建设提升项目（康翠社区业主委员会联合会）、"'书'幸福社区，'画'美丽家园"——书画提升暨社区巡展公益项目（泰丰社区书画组）、雅园社区合唱团能力提升与感恩回馈项目（雅园社区合唱团）等二十余项。这些项目涉及社区文化体育、社区志愿服务、社区治安、社区物业管理、业主委员会能力建设、特殊人群关照等各类社区实践，其中很多都是当前社区治理的热点、难点问题。比如有个小区业主委员会承担的"我爱我家自治议事会"项目，就是要通过"议事会活动"对小区[①]停车位、楼道脏乱差以及业主公约事宜进行充分讨论，逐步推动问题解决，形成有效的小区业主公约。从这些项目中，我们也发现了一些文体类社区社会组织有走向公益、积极参与社区治理的倾向，比如有个社区合唱团承担了"家庭平安互动行"项目。简言之，这些由社区社会组织参与的公益创投活动不仅形式灵活多样，而且也能够回应部分居民多样化的社区需求，还可能成为社区自组织由互益走向公益的新引擎、社区公共议题产生的新契机、实现政社互动的新路径。

除了上述直接申请的公益创投活动外，天津市各个层级的相关部门，还根据政策指引，创新工作方式，开展了不同形式和组合的公益创投活动。以2016年为例，天津市级层面的公益创投活动中，由枢纽型社区社会组织承接的项目主要有集贤里街社区社会组织联合会为老服务项目、"儿童心智成长发展"项目、"阳光之家、暖心助老、无忧夕阳"护理技能培训项目等。[②] 在区级层面，如滨海新区2015—2016年社会组织公益创投项目中，社区社会组织承担的主要有[③]："彩虹微笑"儿童庆生会项目、"七彩阳光"关爱残疾人服务项目、"收藏开启互

---

① 该小区是1998年建成的，共571户。
② 参见《2016年天津市社会组织公益创投项目立项公示名单》。
③ 参见《滨海新区2015—2016年社会组织公益创投项目立项名单》。

助锁,集报搭建连心桥”项目、“创和谐邻里,建美丽家园”邻里节项目、“宜春里情系夕阳——银龄行动”项目、“晨光—丽日—夕阳”孝亲敬老志愿服务活动项目、“志愿助残、和谐大沽”项目等。这些项目涉及社会福利、残疾人服务、公益慈善、社会志愿等领域。再如东丽区鼓励、支持社区社会组织参与社区公共事务和公益事业,举办两届社会组织公益创投活动,确立32个创投项目,内容涵盖扶老助老、扶残助残、扶贫助困、社工服务、社区公益、社区青少年服务及“两外一转”人员服务。①

受市区两级公益创投活动的影响,也有街道创造性地开展了类似的公益项目,如滨海新区大港街开展了居委会公益创投项目。随着公益创投理念和实践的不断深入,有的街道还开展了具有自身特色的公益创新实践。如南开区万兴街道开展“百姓CEO”南开区万兴街首届居民提案大赛。在该街道社区社会组织联合会指导下,该项目活动通过收集社区居民优秀提案来汇聚创新社区治理的民智民力。据了解,大赛由辖区内的一家银行赞助举行,大赛的提案来自社区居民,这些提案都是经过前期社区调查、征集、项目书完善等各环节的精心准备后才进入最后评审现场的。提案现场除了一般方式的项目阐述、评委评分外,还设置了20人的大众评审团和拉票帮帮团,现场气氛热烈。我们发现,居民提案的项目内容很多都是围绕社区志愿服务开展的,申报项目团队绝大多数都是社区已有的文体团队。应该说,这既符合该街道社区发展的实际,也展现了实事求是、因地制宜培育发展社区社会组织的踏实态度。如能够通过这种提案方式真正有效地帮助社区文体团队转型、实现赋权增能,则不失为培育社区社会组织、构建社区多元治理格局的一次有益探索。

整体来看,实施公益创投项目是引导社区社会组织参与社区治理

① 《在为民服务中展现新作为》,《天津日报》2019年9月13日第10版。

的一种积极尝试。天津通过开展公益创投相关实践,推动“三社联动”实践创新,社区社会组织发展质量不断提升。一些社区社会组织通过承担项目,不仅锻炼了团队、提升了能力,而且也进一步激发了参与社会治理的热情、活力和创造力。更为重要的是,通过项目活动还提升了居民的社区参与度,增强了社区、社会组织与居民之间的互动,拓宽了社区舆情表达渠道,增进了社区韧性。一定程度上,可以说,社区社会组织参与公益创投活动是开展社区公共服务和公益服务创新、促进“三社联动”的重要方式。相比一般社会组织参与的公益创投项目,部分社区社会组织参与的公益创投项目,在设计上更贴近居民日常生活与实际需求、更“接地气”,居民参与的积极性也较高。之所以会出现这种情况,可能是因为这些项目是居民自己组织的,也是居民真实需要的反映。此外,通过实际参与,居民也能够真切地从中感受到项目活动对自身、团体乃至社区的价值与意义。

四　以社区社会组织培育实践助推社区志愿服务制度化

社区志愿服务是推进社区治理体系和治理能力现代化的重要内容。天津有开展社区志愿服务的优良传统和浓厚氛围,尤其是在社区志愿服务组织的建设上一直走在前列。开展社区社会组织培育发展工作,也可以说是在积极践行社区志愿服务精神。一定程度上,诸多社区社会组织也是以社区志愿服务组织的形式和行动机制存在的。天津通过积极培育社区志愿服务文化,大力弘扬志愿精神,让志愿服务理念贯穿社区社会组织培育发展过程。在实践中,通过推动社区社会组织培育与社区志愿服务融合发展,通过双向发力、良性互动,不仅实现了社区社会组织快速发展,而且也促进了社区志愿服务的实践深化与精神弘扬,特别是走出了一条以组织化发展推动社区志愿服务制度化的创新之路。

在具体实践中,天津在区、街道等层级通过创新工作形式,不同程度地推动社区志愿服务与社区社会组织培育工作双向增能,使城市基层社会治理创新不断走向深入。例如,在区级层面,河东区借助"1 + N + X"社区社会组织组建模式,充分发挥社区志愿服务工作主要负责人、各楼栋长、社区志愿者和群众的联动作用,鼓励社区群众争当创建"三大员",即环境督导员、卫生清扫员、文明宣传员,突出居民共建共享理念,发挥群众参与"三创"工作的主动性和积极性。[①] 在街道层面,河西区越秀路街道社区社会组织服务联合会开展"志愿易起来"公益项目活动,将志愿服务和社区资源充分融合,建立积分循环长效机制,细化志愿服务积分兑换流程,借助志愿服务在社区播撒和谐友善的种子,创新社区治理和服务。[②]在社区层面,阳光 100 国际新城社区结合社区商户特点和经营情况,深入挖掘商户志愿者力量,创立"七彩祝福——阳光 100'邻里互助'志愿服务项目",充分发挥党员的示范引领作用,组建了一支阳光 100 商盟志愿服务队,使其成为社区党委共驻共建的新力量,也为社区企事业单位和个体工商户打造了一个沟通、交流、服务、多方共赢的平台。[③]

此外,天津还依托各类社会组织孵化平台大力培育社区志愿服务组织。通过统筹整合资源,积极打造更多的党政部门、社会力量支持社区志愿服务发展的平台。建立健全有效的沟通交流平台,发挥枢纽型、支持型志愿服务组织的示范、带动作用。加强服务阵地建设,加大

---

① 彭娜等:《全区横下一条心 创卫攻坚不停歇》,《天津日报》2019 年 6 月 11 日第 24 版。

② 穆瑞新:《天津市河西区越秀路街道举办"志愿易起来"项目签约仪式》,《中国社会组织》2018 年第 3 期。

③ 《无私奉献 做好社区"当家人"》,《每日新报》2019 年 11 月 8 日第 T7 版。

社区志愿服务站点建设力度，最大限度地利用好社区综合服务设施。积极搭建供需对接平台，开展更接地气的志愿服务活动，提高社区志愿服务的可及性。推动社区志愿服务培训常态化，提高普通志愿者、骨干志愿者、志愿服务组织管理者的基本能力，增强培训的针对性、实效性。加强信息化建设，让志愿者注册、招募以及社区志愿服务项目发布、时长记录等工作更方便、更规范，提高志愿者与社区志愿服务组织及项目之间的匹配度。强化品牌意识，提高社区志愿服务组织的公信力和知名度。

五　党建引领社区社会组织健康有序发展

天津社会组织党建工作开展时间较早，也探索出一些较为成熟的做法，如被民政部称为“符合社会组织特点的党建工作模式”的“三同三推两规范”做法。以党建引领社会组织健康发展是中国特色社会组织发展之路的必修课。开展社会组织党建工作是巩固党的执政基础、落实全面从严治党的内在要求，也是推进社会治理创新、引领社会组织健康有序发展的时代呼唤。天津通过理顺社会组织党建工作机制，建立了符合社会组织实际和发展特点的“分级负责、条块结合、区域兜底”的组织架构体系。

就社区社会组织党建而言，天津坚持以加强基层党建引领社区社会组织培育发展，不断深化认识、科学把握社区社会组织的内涵和发展规律，以街道“大工委”、社区“大党委”综合抓社会组织党建工作为依托，充分发挥区域兜底功能，全面推进党的组织和工作全覆盖，推动社区社会组织党建工作标准化、规范化。

天津根据社区社会组织的人员结构、数量规模、构成分布等特点，采取多种方式组建党组织,实现应建尽建。因地制宜组建广场、公园文化社团党组织,稳步推进基层党建向社区社会组织延伸,把党建工作融入社区社会组织培育发展各类实践中。典型的广场、公园文化社团党组织主要有河西区银河文化社团联合会党委①、南开区水上公园文化社团联合会党委②等。

天津积极引导、鼓励党员担任社区社会组织负责人。比如滨海新区华纳社区,社区社会组织不仅数量多,而且还积极参与社区治理,更为重要的是,很多负责人都是党员。据报道,"如今的华纳社区拥有'银龄健身沙龙'等33个在社区备案的文体、公益、服务类社区社会组织。在这些社区社会组织中,负责人为党员的占98%,党员占社团成员的比例为60%,参与社区环境治理、社区服务、社区文化活动的社团达到100%"。③

此外,天津还积极建立健全管理服务机制,不断推动社区社会组织党建工作规范化。如河北区,建立了115个社区社会组织管理服务中心党组织及12个广场公园社团联合会党组织。④ 总之,伴随社区社

---

① 为加强对天津市文化中心广场文化社团的管理、服务和引领,2013年4月,河西区银河文化社团联合会及党总支成立,2016年5月升为党委。该组织以党建引领社会治理,探索总结出"一方隶属、双重管理"的党员管理模式,率先在全国实现了广场公园文化社团党建工作全覆盖。该组织现管辖32支社团队伍,队员2000余名,其中党员182名。2017年4月,为助推社团基层党建向纵深发展,成立了河西区银河文化社团联合会"核心党支部",现有党员22名,形成了"一个联合会党委、一个核心支部、十八个功能性社团党支部"的"1+1+18"的别具一格的党建新格局。(《一个支部一座堡垒 党旗在基层高高飘扬——河西区先进基层党组织的故事》,天津先锋网,http://www.tjzzb.gov.cn/zgdt/tjzg/201808/t20180810_36743.html)

② 2016年,南开区在水上公园内建立了水上公园文化社团联合会党委。针对文化社团开放、松散、流动性强和党组织组建难的问题,相关人员对在广场开展活动的各个团体进行走访调查,摸清党员人数、结构和分布情况,确认党员身份。水上公园文化社团联合会党委通过坚持敞开大门搞党建,以各队党员为轴心,发挥各社团特色优势,服务游客、宣传天津,成为活跃在游客身边的"红色阵地"。(《水上公园文化社团联合会党委:水上红舟 逐梦前行》,天津市南开区人民政府网,http://www.tjnk.gov.cn/xxdt/system/2019/11/04/025830851.shtml)

③ 万红:《做好新时代社区的"大管家"——记滨海新区泰达街道华纳社区党委书记、居委会主任刘红霞》,《天津日报》2019年9月25日第2版。

④ 雷风雨:《引领"两新"组织党建全覆盖》,《今晚报》2019年6月13日第2版。

会组织数量和规模的提升,社区社会组织在基层治理、基层民主协商、基层活力激发等多个方面发挥作用。天津顺应形势发展、主动作为,不断加强和创新社区社会组织党建的有效途径和方式,保证社区社会组织发展的正确方向,通过发挥社区社会组织服务群众、联系群众的作用,着力提升基层党组织的政治引领能力,促进社区社会组织有序健康发展。

六　小结

总体而言,天津推动社区社会组织参与社区治理创新取得了一定社会成效,也积累了宝贵的、具有地方特点的实践经验,这些经验将有助于我们更好地理解、看待社区社会组织培育发展之于社会治理创新的价值与意义。从营造制度环境的角度来看,我们认为,天津社区社会组织培育发展的实践大致经历了四个发展阶段。

第一阶段是初创兴起(20 世纪 80 年代末至 2004 年)。这个阶段,随着国家倡导开展城市社区服务,社区志愿服务兴起,社区志愿服务组织得到认可并活跃在城市社区服务的各种实践中。例如,天津市和平区新兴街朝阳里社区志愿服务模式得到认可并被推广。1989 年,新兴街社区服务志愿者协会正式成立,新兴街道各社区居委会分别成立了社区服务志愿者分会,后来新兴街被民政部确认为全国第一个社区志愿者组织的发祥地。总的来看,经过十余年的发展,天津社区社会组织伴随着城市社区服务向社区建设的转型而得到了政府相关部门的重视,其在社区建设中的作用初步显现,但这个阶段,社区社会组织的数量不多、类型较为单一。

第二阶段是探索开拓(2004—2013 年)。这个阶段,天津围绕全面加强城市社区建设、构建和谐社区,不断探索社区公益性民间组织的扶持培育路径,特别是在机制上进行了有益尝试与创新,进一步理顺了管理层级,建立了社区公益性民间组织管理服务流程和体系。总的来看,社区公益性民间组织的数量逐年提升、实践活动有序开展,为实现社区社会组织稳步发展奠定了坚实基础、开拓了良好局面。典型的事例主要有:2004 年,天津市民政局出台了《关于加强我市社区公益性民间组织培育发展和备案登记管理工作的意见》,这可以被认为是此阶段开始的标志。自此,社区社会组织的管理工作有了规范化指引,有力地促进了社区社会组织实践活动有序开展,社区社会组织参与社区建设的内容进一步丰富。需要强调的是,在这个阶段,从全国范围来看,天津社区社会组织的管理体制在当时具有一定的开拓性和影响力,比如 2006 年出台的《关于建立我市社区公益性民间组织管理体系的意见》,对社区社会组织的管理体系提出了明确的"操作化"规定,建立健全了"由谁管、怎么管"的分级管理体系。可以说,经过这个阶段的发展,天津社区社会组织的服务管理由相对松散逐步走向了规范化、有序化。

第三阶段是改革创新(2013—2018 年)。这个阶段,伴随着城市社区服务、社区建设向社区治理的转变,特别是随着城市社区治理创新不断走向深入,天津社区社会组织改革取得了突破性进展,构筑了社区社会组织培育发展的"四梁八柱",社区社会组织服务管理体系更加完备,社区社会组织规范化建设得到进一步强化,社区社会组织培育发展整体上进入了快车道,社区社会组织参与社区治理的成效逐步显现,在基层社会治理格局中的地位和作用越发凸显。典型的事例主要有:2013 年,天津市民政局发布了《关于加强社区社会组织建设的意见》,明确了天津社区社会组织发展模式等内容。此后,天津社区社会组织的培育扶持政策加紧出台,使社区社会组织培育发展的政策体系更加健全。如2016年出台了《天津市社区公益事业专项补助经费使用管理暂行办法》;2017年发布的《关于改革社会组织管理制度促进社会组织健康有序发展的实施意见》中提到要“大力培育发展社区社会组织”等。总的来看,在这个阶段,天津社区社会组织管理机制进一步完善,数量实现了快速增长,尤其是社区社会组织参与社区治理实践有了新的进展,形成了具有天津特色的社区社会组织培育发展模式。

第四阶段是深化提高(2018年至今)。这个阶段,伴随全面深化社会建设改革、积极推进基层社会治理创新向纵深发展,社区社会组织的培育发展正在向高质量迈进,社区社会组织培育政策的精细化程度逐步提高,社区社会组织的制度体系建设更加完善。典型的事例主要有:根据最新的发展理念要求及针对天津社区社会组织培育发展的现状和需要,2018年出台了《天津市民政局关于大力培育发展社区社会组织的指导意见》,进一步完善了“一级主体、分级负责”等管理制度。在资金保障方面,2019年出台的《天津市社区公益事业专项补助经费使用管理办法》进一步完善了社区社会组织培育发展的资金支持机制。总的来看,这些措施的实施,使天津社区社会组织培育质量稳步提高,社区社会组织参与基层社会治理创新的实践不断丰富,特别是在深度参与社区治理、促进基层社会治理共建共治共享方面有了一些积极探索和成效。

总之,天津通过制度创新、实践创新,实现了社区社会组织数量的快速提升,而且通过多种举措引导社区社会组织参与社区公共服务和公益服务,初步发挥了社区社会组织的功效。但是与加强基层社会治理创新的紧迫需求相比、与促进社区治理体系与治理能力现代化的高要求相比,社区社会组织参与社区治理的能动性还有待进一步激发,天津社区社会组织发展还面临一些困难、存在一些不足。如社区社会组织平台建设还不够完善；社区社会组织类型相对单一、结构不平衡，公益慈善、权益维权类社区社会组织数量偏少；社区社会组织数量虽多，但质量参差不齐，主动发展能力欠缺、专业性程度较低；社区社会组织管理与服务机制建设有待加强，尤其是街道枢纽型社区社会组织的人、财、物等制度还不完善，专职社会组织工作人员缺乏，专业能力不足严重影响了孵化培育、供需对接等职能的履行；激励机制不畅，社区社会组织对社区能人、志愿服务带头人缺乏吸引力；一些社区社会组织参与的公益创投项目缺少支持性专业机构参与，专业"陪伴"服务亟待提升；社区社会组织孵化方式仍需创新。另外，从笔者的调研结果来看，社区社会组织由备案转向注册的积极性并不高，这是因为一方面，这些组织发育还不够成熟，力量有限，影响力较小，内生性动力不足；另一方面，注册程序烦琐，各种要求比较多。在笔者调研的过程中，一位社区社会组织负责人反映，像他们这种备案管理的社区社会组织就很好，一是负责人压力较小，有街道、居委会帮着把握方向；二是依靠街道、居委会也能够获得各种资源，比较省心、省力；三是少了很多烦琐程序。

第三章

社区社会组织嵌入基层治理结构的制度环境：基于一个组织成长过程的分析

上一章我们以天津为例，从基本面出发，总体观察、分析社区社会组织的管理服务机制以及其参与社区治理的实践。本章，我们以一个具体个案（GJS 街道社区发展研究会）为例，从组织成长过程来更为细致地考察、理解社区社会组织所面对的治理机会、权力结构以及其嵌入基层治理的制度环境和社会情境，在结构分析的基础上，力争较为客观地描述、展示社区社会组织在具体情境因素中的关系机制和行动策略。

一　"接地气"的社区自组织：GJS 街道社区发展研究会①

HX 区 GJS 街道社区发展研究会是由成立于 2012 年的 GJS 街

① 此部分写作所使用的资料主要来源：一是调研时该组织提供的各种内部资料；二是笔者搜集的该组织宣传栏、展示板等处资料；三是笔者访谈整理资料。自 2017 年底起，笔者先后六次到该组织所在街道社区进行调研，多次对该组织负责人、主要成员以及街道领导、社区书记等进行访谈。在此对提供各种帮助的相关人员表示感谢，还要特别感谢该组织的秘书长 G 先生，他不仅为笔者调研提供各种便利和保障，还提供了自己留存的相关资料，并多次接受笔者访谈。另外还要说明的是，与 G 先生的微信、电话交流也让笔者受益颇多。

MHL 社区发展研究会发展而来[①],2016 年底改名称为现名。该组织最初由 13 人组成,成员主要有社区居民、居委会义务制主任、居民代表、社区党组织书记等,目前已拥有 20 多位会员。该组织日常办公活动场所位于 GJS 街 MHL 社区党群服务中心二楼,此场所是街道社区特意为该组织提供的,而且还进行了必要的装修,会议室、宣传栏、文件柜等设施设备较为齐全。该组织建有党支部,党建活动一般安排在该街道 QCL 社区党群服务中心的二楼小会议室。

GJS 街道社区发展研究会主要负责人 G 先生,现为该组织的秘书长[②],他于 20 世纪 70 年代毕业于天津的一所重点大学,学的是化学专业,后来成为一位高级工程师,其人生阅历较为丰富,曾经在科协从事过学会管理方面的工作,在国有大型化工企业退休。退休后,G 先生积极参加社区活动,也是社区老年协会成员。G 先生自称为社区“地气人”,经常自觉深入思考社区治理的相关问题,希望能够将党的好声

---

① 从媒体报道中可得知,该组织应该成立在 2012 年。如“今年 8 月,GJS 街 8 名热心社区建设的中老年人自发成立了社区物业纠纷第三方调解机构——GJS 街和谐社区发展研究会”(《物业纠纷在家门口得到解决》,《中老年时报》2012 年 12 月 24 日);“2012 年,在 MHL 居委会党总支的领导下,十几名热心社区建设的志愿者成立了社区发展研究会”(《充满正能量的社区智囊团》,《今晚报》2015 年 4 月 19 日)。社区提供的资料显示,MHL 社区隶属于 GJS 街道,辖区面积 0.1 平方公里。截至调研时,MHL 社区共有居民 1313 户,常住人口 3309 人,辖区共有 5 个居民小区,其中 2 个为商品房物业小区,3 个准物业管理小区。MHL 社区共有 8 栋居民楼,21 个楼门,16 个楼栋长。房屋产权类型涉及公产、私产、企业产和混合产。

② G 先生是 GJS 街道社区发展研究会发起与成立的关键人物,他虽为秘书长,但这个组织的发起、成立、运行主要由他具体负责。可以说,没有他的付出不会有这个组织及其如今的发展现状。这也可以从相关媒体报道以及笔者访谈中得到一些佐证。如有媒体报道:“前不久,老 G 结合社区管理实际,有了建立社区发展研究会的想法,希望在各方面努力下形成一种持续科学发展的长效运行机制。老 G 的建议得到 GJS 街负责人的高度重视和支持,创建了我市第一家‘社区发展研究会’,它的建立为破解社区管理热点问题发挥了重要作用。”(《社区管理的有心人——记 GJS 街 MHL 社区居民 G 先生》,《天津日报》2013 年 1 月 24 日)

音、好政策更好地与社区发展实际相结合。① 正如其本人所言,“作为一名社区发展研究会的志愿者,虽然身在基层,但我们的点滴付出是站在社会治理‘大平台’的第一线上,我们也许无法做出惊天动地的事业,但当百姓的诉求以问题的形式表现出来时,我们应以问题作为切入点,以实事求是的方式去观察、分析、解决问题,在日常生活中传递党的声音,传递社会正能量”②。该组织的会长是 GJS 街道 MHL 社区原党委书记,她性格开朗,对待社区工作认真负责,其工作得到了街道和社区居民的认可,因年龄原因不当书记后,仍被组织部门聘为从事社区党务工作的专职人员。该组织的骨干成员党员多,有几位还是各自社区党组织的委员。

GJS 街道社区发展研究会坚持“建章立制守规矩,严进宽出当作为”,其发展理念是通过实践探索社区可持续发展之路,当好社区居委会的智囊团和参谋,传递正能量,引导居民共建美好家园。该组织开展的业务活动主要有理论宣讲、调查研究、学习交流、公益服务等。该组织有必要的规章制度、相关运行规范和具体议事规则。比如规定每月开一次例会,每年有年度工作计划、工作总结等。议事规则有:要加强学习,不流于形式;要深耕厚植,不敷衍了事;要平等议事,不强加于人;要民主协商,不强求一致。③ 他们坚持体谅、包容、尊重、友善的原则,提出社区发展 36 字方针——高起点达共识,建制度求共赢;高目标换角

---

① G 先生也是一位基层宣讲员,GJS 街道社区发展研究会的一项重要工作内容就是开展基层宣讲,G 先生在当地街道社区非常受欢迎,他有自己独到的宣讲方式。G 先生对党的十九届四中全会宣讲,新华社对此进行了报道。如“天津市 HX 区委宣讲团成员、GJS 街社区发展研究会秘书长 G 先生今年 70 岁。在宣讲一线,他有自己的一套单引号‘方法论’:‘三动两线’,‘三动’即‘能站着绝不坐着’‘主副讲互动’‘和群众互动’,‘两线’即接天线和接地线,既传递中央精神,也结合地方实际”。(《领悟全会精神 理解“中国之治”——上海、天津、河北、广西全面开展学习贯彻党的十九届四中全会精神宣讲活动》,新华社,2019 年 11 月 29 日,http://www.xinhuanet.com/2019 - 11/29/c_1125291168.htm)

② 社区发展研究会志愿者 G 先生,读《宣讲要“接地气冒热气”》有感,2017 年 4 月。

③ GJS 街道社区发展研究会活动室墙上宣传资料。

度，跨小步不停步；抬头学向前看，低头干回头看。[1] 整体上看，该组织立足自身实际，有着清晰的组织定位，正如 G 先生所言，他们要“强AA”、当配角、解扣子、指路子，更注重软实力开发，不强求对一事的解决，而是强调看问题的深度和广度，举一反三，破解社区发展的深层次问题；强调潜移默化，打基础，立长远，发挥“骨牌效应”，画最大同心圆。

二　组织的成长过程及行动策略：基于环境因素的视角

（一）组织成立：自组织行动与外在环境的契合

通过调研了解，发起成立 GJS 街道社区发展研究会的居民都是社区建设的热心者、社区里的积极分子，而且主要是一些老年人。这些人主要是靠 G 先生和研究会的会长在社区发掘以及由各自人脉关系网络联系而来。这些老年人具有奉献精神，热爱社区，有强烈的社区认同感和社会责任感，对社区发展和社会问题有深入的思考。一份该组织的内部报告这样写道：“如果用逆向思维来看：整合社区资源，号召基层管理者、社区志愿者、退休人员结合亲身经历，用一种超脱的身份，以一种全新的视角，在不同领域、针对不同问题，结合党的方针政策，写出有‘干货’、有看法、有想法、有做法的调研成果更有现实意义。”“在社区里只要你细心，用脑去想，你可以看到很多普通百姓默默无闻地做着一些不被人注意的‘小事’，而这些‘小事’如同最美的‘火种’，需要我们去点燃，并形成一股强有力的社会团结、和睦的精神纽

① GJS 街道社区发展研究会内部资料二。

带。”①从他们这些富有时代性和现实性的思考中,可以进一步感受到这个组织的目标和担当精神。应该说,他们对自身的情况和面临的环境有着清醒的认识,如根据自身年龄、亲近社区、知识结构等现实因素和实际状况考虑,提出他们的组织不能像一般社会组织中的研究会那么“高大上”,他们要在“社区里的小事、细节”等方面发挥作用,办出自己的组织特色。他们立足于“居委会的智囊团”这一定位,关注社区治理的难点、热点问题。他们还认为,“社区治理方式的创新,必须牢固树立‘四个意识’,让更多的百姓参与社区治理,在‘事’中对接中央,用对美好生活的向往,形成一步一个脚印去干的理念,用奋斗品味幸福人生,融心聚力,共圆人民的梦想”②。他们还提出,现在的社区发展存在一定问题,也不是那么简单,一些事的内容和形式与过去不一样,现在一般都有业主委员会、物业公司,研究会不能陷入就事论事的思维定式,应转变观念,要站得更高些,研究社区如何可持续发展。在实践中,他们还特别重视组织内部关系调处,积极开展党的理论学习,成立党支部,有序开展党建工作,以党建引领组织发展。

一定程度上,这个组织的成立既是这些老年居民自发行动的结果,也是社区党组织、居委会顺势而为、创造环境、积极支持的结果。一份居委会的汇报材料显示,“这些老年人各有所长,如何博采众长,在务实的基础上有所创新?我们设想可不限人数,有针对性地组织一个‘社区发展研讨会’,就社区特点,根据党的方针政策,提出可行的、具有可操作性的创新方案,办出特色,举一反三”③。无论是从有关书面材料还是从实地调研来看,社区的支持可以说是研究会能够顺利成立非常重要的必要条件,换言之,这个组织所处的外在环境给予组织

① GJS 街道社区发展研究会内部资料之调研报告。
② GJS 街道社区发展研究会内部资料一。
③ 《善于领会领导意图,务实创新做好社区工作》(MHL 社区汇报材料)。

成立以多方面的支持,这个外在环境是多维度的,既包括物质的,也包括精神的。在调研中我们了解到,社区书记特别赞同成立这个组织,认为这是能够体现正能量的事。为此社区书记创造了诸多条件,从多方面给予支持,而且在组织成立后书记还当上了这个组织的会长。在访谈中,G先生讲:“我不能突出自己,我只当秘书长,不当会长,做‘潜功’,我要为社区发展真正做点事,让社区走可持续发展的道路。”G先生也曾表达过这样的组织思路和想法:站在新时代,社区治理工作要创新,但怎样做能够让社区治理工作“创新”“独特”,他们想从研究会的角度助力社区治理工作。应该说,GJS街道社区发展研究会有给街道、社区工作“增彩”的意愿,这也可以从另一个角度说明,为何街道社区要支持研究会成立发展。虽然有这个意愿,但能否在实践中产生良好效果?或者怎么样才能让街道社区真正看到组织的实际价值?GJS街道社区发展研究会深知“作为”的重要性,可谓“有为有位”。

(二)获得街道社区的认可和支持:从解决小区物业服务纠纷谈起

GJS街道社区发展研究会能够得到街道社区的认可和支持,有件事非常值得一提。在组织成立之初,他们帮助社区解决了辖区内一个小区物业服务矛盾纠纷问题,这件事既让街道社区看到这个组织是“有用”的,同时也进一步提高了该组织的公信力和美誉度。在当前城市社区治理实践中,物业服务纠纷问题较为普遍,当然,纠纷的表现形式多样不一,其中较难处理的就是业主委员会(业主)与物业公司之间的关系。对于这个小区而言,其物业服务纠纷问题大概是这样的:物业公司要涨物业费,业主对物业公司上调物业费不认可,再加上有多年的遗留问题未解决以及一些现实因素的多重影响,使当时小区业主委员会与物业公司的关系异常紧张,这个过程中,业主委员会的主要成员纷纷辞职,小区发展所面临的环境越来越差。这样的状况使这个小区的物业服务纠纷问题成为当时影响社区和谐稳定的一个重大隐患。GJS 街道社区发展研究会针对这个社区难点问题,主动思考,想办法,出主意,积极行动。他们思考:"为什么社区志愿者为社区做点好事却遭到非议?为什么有些人对社区发生的事漠不关心?为什么在五百多户的小区里每次开业主座谈会只有几个人参加?"①为此,他们针对业主参与、业主委员会现状,通过走访调研,协助召开多次业主座谈会,帮助业主委员会提出建设性意见②,等等。

在这个过程中,他们立足自身定位,尽力发挥"润滑剂"的作用,通过积极开展有效的行动,联络各利益相关方,找到各方都能够接受的解决方法。在诸多行动实践中,有一个亮点工作就是他们联络召开了五方联席会议(街道、社区居委会、物业公司、派出所、业主委员会),形成了"五方纪要"。据了解,正是五方联席会议的成功召开才最终协调解决了这个小区的物业纠纷事件。但在会议召开前,对于这个会如何开、以什么形式开、怎样开好等一系列问题,他们有深入思考和提前准备。如据资料显示,"会议议程我们进行了认真研究,首先明确它不是行政工作会议,我们要创造出宽松、舒畅、和谐的会议氛围"③。在访谈中,G 先生介绍:"在召开五方联席会议前,我做了大量细致工作,比如与物业公司经理单独谈话、与业主委员会谈话,方方面面都协调好了才开会,开会只是形式。想让大家都接受,只有事先将工作都做好了,才能保证会议开下去。当然,会议如期召开,也离不开社区居委会主任的大力支持。"一定程度上,五方联席会议之所以能够开成并取得预期效果,与 G 先生的工作方式方法是有关的,这些方式方法的运用

① GJS 街道社区发展研究会内部资料之调研报告。

② G 先生不是小区业主委员会的成员,但业主委员会邀请他参加小区业主委员会的会议,他提的意见能够得到认可。之所以会这样,原因是他在小区里有一定威望,是社区活跃分子,知名度高,居委会对他非常信任。当然,他也是业主,据他说,自己之所以"不进业委会",是想让自己更超脱些,这样做起事情来可能更便利。

③ GJS 街道社区发展研究会内部资料之调研报告。

又跟他本人的成长经历、工作经验和人生阅历等密切相关。他从事过社会组织管理工作,善于学习政策、做群众思想工作,还有一定的理论高度。在生活中,G 先生是一位有责任感的热心人,非常愿意将自己的工作经验、方法以及处事原则分享给年轻的社区工作者。比如他说:“向有关部门反映问题,我就在居委会打电话,主要是让孩子们(年轻社工)看看自己是怎么做的,给他们以示范引导。”

五方联席会议后,业主委员会与物业公司双方对会议议程及有关处理建议表示认可,双方关系进入了相对平稳期。这之后,相对来说,该小区物业费的收缴率一直比较高。业主委员会也在原有基础上进行了重新组建,人员结构较之前更为合理。如“大家非常认真地通过一定程序推选出 9 名同志,组成新的一届业委会,其中共产党员 6 名,拥有退休人员 6 名,拥有大专以上学历者 4 名,平均年龄 53 岁”①。在调研中笔者还了解到,由 GJS 街道社区发展研究会创造提出的“五方纪要”后来被市里有关部门出台的政策文件“吸收”了。G 先生讲:“大概经过是这样的,我有位老朋友是政协委员,知道我正在做社区发展研究会的事,所以请我去政协提案委员会那里发言,反响非常好,后来有关领导在我关于社区物业服务方面的调研报告进行了批示,市里物业服务管理部门负责人还当面向我进行了咨询。”

(三)参与社区治理:从小事、细节到社区可持续发展

在日常生活中,GJS 街道社区发展研究会主动作为,积极参与一些社区事务,从小事、细节到影响社区可持续发展的“大事”中都能看到他们的身影。比如,他们发现,该社区辖区内一座高层办公楼的楼顶上有摄像头,这个摄像头直接对着附近小区居民家的窗户,这有侵犯居民隐私权的可能,为此他们主动帮助协调解决了此事;他们发现

---

① GJS 街道社区发展研究会内部资料之调研报告。

有个地方室外宣传栏上的宣传语有印刷错误,便及时提醒有关部门改正;他们积极宣传社区里的好人好事,弘扬正能量(如对坚持二十余年为民警包饺子的老妈妈服务队感人事迹进行宣传),等等。通过调研了解,该组织不仅帮忙解决社区治理中的日常问题,而且还善于从社区日常实践中进行经验总结提炼。“针对社区出现的各种‘矛盾’和典型事例,社区发展研究会经过调研,提出了社区持续科学发展的思维模式、方针、原则、观点、建议及解决矛盾的实施方案,并在实践中予以验证。”①如对小区物业服务问题调研后,他们以撰写调研报告的方式,提出了处理业主(业主委员会)与物业公司关系的行为准则,对解决当前社区物业服务管理的深层次问题提出了一些建议,对完善业主委员会制度提出了一些想法,其中的一些具体观点和做法主要有②:业主对物业的行为准则——监督不对立、支持不迁就;物业对业主的行为准则——服务第一、业主至上;在调整物业基本管理费这一问题上,既要考虑物业上涨因素,又要考虑物业公司运行成本增加,还要考虑业主的承受能力,基于此提出物业基本服务费调整的三点基本原则:涨一点(业主物业基本费涨一点),补一点(在共有资金收益中给物业公司补一点),留一点(共有资金留一点以备应急);对于小区机动车管理,提出要进出有序、停放整齐、有偿占用、有法可依、改善环境、业主收益、互通协调、规范管理;对于小区今后发展,提出了“互信12字方针”:高起点、达共识、建制度、求双赢③。他们还提炼出社区精神表

---

① GJS街道社区发展研究会内部资料之调研报告。

② GJS街道社区发展研究会内部资料之调研报告。

③ 高起点:物业也提升对物业管理的认识,在物业资产保值增值上下功夫,例如如何从一般管理向无形资产管理、目标管理、信用管理转移,并提出行之有效的方案,在实践中用服务赢得业主信任。达共识:在《物业管理条例》等相关法律框架下达共识,并规范业主、业委会、物业公司的行为准则。建制度:建立必要的规章制度,尤其是业委会与物业公司财务往来、工作交接、工作确认、公共资源财务收支公示等制度。求双赢:互信为基础、互帮为提高、互赢为目的,聚民心,求发展。后续笔者再调研时,组织负责人介绍,他们将双赢改为共赢,因为双赢是业主与物业两种关系,但实际上,社区中的关系不仅只有这两种,还有很多种。(参见GJS街道社区发展研究会内部资料之调研报告)

述语(扶弱、积善、阅读、向上、家和、互助),并结合理论与实践进行深入阐释。比如扶弱,其中有这样的阐释内容,扶弱不仅在物质层面去“扶”,在精神层面,在追求梦想、建成小康社会的征途中,更应体现。①

(四)开展宣讲活动:展示组织特色与形象的一种有效行为

GJS街道社区发展研究会根据成员自身特长,主动开展“接地气”式宣讲活动。比如他们开展党的理论学习,用老百姓易于接受的形式,组织社区百姓学习贯彻党的有关会议精神,创新宣讲方式,让宣讲语言生动易记、好理解。特别是他们非常善于从老百姓的日常语言中进行提炼总结,如结合中央文件精神与百姓语言提炼出的几句话:“社会主义一面旗,特色二字坚定不移。人民利益高于一切,党的宗旨时刻铭记。发展社会生产力,五位一体齐心协力。改革开放必由之路,务实创新举世瞩目。公平正义建制度,三个公平高瞻远瞩。共同富裕是原则,惠及民生运筹帷幄。社会和谐创活力,安居乐业安定有序。和平发展求共赢,利益融合求同存异。党的领导是核心,两大目标坚定自信。”②据了解,GJS街道社区发展研究会在2019年开展了13场社区宣讲,每场宣讲内容都有所不同,场场都很精彩。这些宣讲不仅老百姓爱听、喜欢,而且还得到了上级有关部门的认可。他们创造的“三动两线”宣讲法,采取“主副讲”的方式,非常受社区群众欢迎。比如宣讲党的十九届四中全会精神,讲到社会治理共建共治共享时,怎样让大家理解人人有责、人人尽责、人人享有?他们把小区落叶满地的真实情景放给大家看,跟大家互动交流,让大家自己发表意见,大家都表示这确实影响小区环境。听完大家发言后,宣讲员表示认可大家说的,紧接着由此再深入拓展讲:“如果这些落叶不及时清走,不仅仅

① GJS街道社区发展研究会组织内部资料三。
② 《社区新视野》(内部刊物),主办GJS街党工委、GJS街办事处,2013年第1期。

会影响环境美观,而且也会引发安全问题,假设万一着火了,将影响整个小区居民生命财产安全,这样想一想,社区治理与每个居民都有关系……”

(五)注重发展与街道之间的良性关系:组织成长所需的一种重要结构

GJS 街道社区发展研究会非常注重处理与街道社区的关系,主动配合街道社区工作,为街道社区积极出谋划策。在调研中笔者发现,GJS 街道社区发展研究会的一些调研报告或建议紧紧围绕街道社区治理的热点和难点问题,努力将其关注的研究议题与街域层面的治理相连。在笔者跟街道的一位负责人交流时,她坦言:“GJS 街道社区发展研究会已成为街道发展的‘左膀右臂’,在发现问题、表达诉求、下情上达、了解民意等诸多方面发挥了一定作用。”在调研中笔者了解到,该组织还被邀请参加街道党建会议、社区党委汇报会议,为街道社区发展建言献策,当然,这种邀请参会机制并不是固定的,也没有强行要求。据 G 先生介绍,研究会参加街道会议,在一定程度上是由他主动推动的,他认为研究会要主动融入基层治理。应该说,该组织这种主动性的表现,与 G 先生的做事风格是密切相关的。据其介绍,他在除夕当天听说街道负责人在值班,特意赶去主动汇报工作,谈想法、谈社区发展,得到了这位负责人的认可,之后才有这种以邀请参会的方式参与街道社区治理的机会。据了解,现在街道党建平台还给研究会提供了更多空间上的支持,在街道内的另一个社区展厅里专门有对研究会党建工作的介绍,研究会的例会有时也有街道领导参加。上级部门以及有关领导的重视、媒体的诸多报道,使该组织已成为街道的工作亮点之一,街道也创造出更多条件来进一步支持组织成长。

总的来看,GJS 街道社区发展研究会整体上处在稳步发展期,组织的各种活动安排也都在有序进行。比如,2020 年他们的工作包括社区党建、社区先进事迹微电影、图说价值观、百姓话语墙、打造红色物业等。他们还打算开展社区治理创新研讨会(百姓论坛),通过研讨会的举办来发现人才(找到更多社区能人)、招募会员、为开展专题研究打基础等。最近研究会也在思考后续发展和培养“接班人”的问题。诚然,GJS 街道社区发展研究会经历了近十年的发展,表现出了一些价值,也为社区社会组织培育发展模式提供了一定的实践经验和有益参考,但也不可否认,它的持续发展仍受一些因素的制约,如内部治理结构调整、街道领导变化、主要成员变动等,因此,对于它的成长、发展以至走向成熟仍需进一步观察。

三　组织实践的特点与启示

GJS 街道社区发展研究会立足“社区发展研究”,从理论研究视角切入社区治理实践,较之一般社区社会组织来说,在组织形式、行动目标及活动内容等方面有所不同,更为重要的是,其能够根据自身特点和相对优势,较为深入地思考社区可持续发展的治理之道,就此而言,GJS 街道社区发展研究会主要有以下几个显著特点。

一是注重在社区治理“细、小、实”上下功夫。他们从社区日常发生的事来开展有针对性的调研,而这些事确实是老百姓的烦心事、难事,因此更接地气。

二是运用老百姓熟悉、听得懂的话来阐释党的理论。将理论与身边事结合起来,让理论鲜活起来、生动起来,这种方式老百姓反映好,受欢迎。据了解,目前该街道所辖 80% 的社区都邀请过 GJS 街道社区发展研究会去讲党课,有的社区邀请过多次。研究会成员认真准备课件,反复琢磨多样表达形式(如用动画等展示),注重与社区居民互动,让老百姓真正听明白党课。

三是立足长远思考社区的可持续发展。据 GJS 街道社区发展研究会负责人介绍,他们这些上了一定年纪的人,很难做到亲自解决社区里的一件件具体事,但是他们一直在思考,怎么能让社区可持续发展下去,为此,他们重视用价值引领社区发展,如加强学习宣传和阐释社会主义核心价值观等。

四是提出的社区治理建议既有针对性,又有一定的水平和高度。GJS 街道社区发展研究会在"咨政"方面具有一定的优势,因为该组织大多成员都是退休老人,没有更多的人情、关系顾虑,还有一定文化,在体制内的单位工作过,社会阅历较为丰富,知道怎么跟相关部门打交道,所以提出的社区发展建议不仅针对性强,而且还有理论高度,相对容易被采纳。

整体而言,该组织从无到有,活动范围从社区到街道甚至更广,社会影响力和公信力也正在逐步扩大。从该组织实践经历和经验积累来看,仅从扶持培育社区社会组织及环境营造的角度,可以得出如下启示。

对于社区社会组织自身来说,一方面要形式灵活地开展自我教育、自我服务、自我管理。培育发展社区社会组织的重要指向应该是增强社区发展活力,通过组织开展形式多样的活动与服务扎根社区,发挥社区社会组织作为社区建设和社区治理重要主体的价值。因此,社区社会组织要根据自身的组织定位,积极主动开展好自我教育、自我服务、自我管理。换言之,社区社会组织要"会干事",才可能成为团结社区的一支重要生力军。比如"面对小区内人员文化素质参差不齐,对于相关政策、条例,要用一种精炼、浓缩的大众语言使小区居民了然于胸"①。GJS 街道社区发展研究会将相关政策提炼成老百姓易

① GJS 街道社区发展研究会内部资料五。

于理解的语言,开展自我教育,在老百姓中产生了共鸣。如“一个人没钱不可怜,没有知识那才是最可怜”“素质和文明,习惯是最直观的展示”“夫妻关系是一种特殊的社会关系,生活中没有‘真理’与‘原则’可言,只有宽容与磨合”“什么是矛盾?差异就是矛盾,要有一种向上的精神去‘解’,而不能用消极的态度去‘结’”。[①] 正是通过类似这样的实践,不仅让组织有存在感,而且也让街道社区党组织看到这是一种积极向上的力量,是当下社会建设所需的社会自组织能力和自我调节机制的一种可能呈现,更是一种活力社区建设的可能路径,而这又无疑为组织的成长创造了发展机会和良好条件。当然,社区居民也可通过类似的实践,感受成立组织、加入组织、参与组织相关实践的价值意义。

另一方面,要换位思考,用恰当的方式处理好与街道社区的关系。社区社会组织作为一种新的结构性社会力量,在当前社区多元治理主体中,如何找准自身定位、发挥作用?或者说,自身的社区权威如何形成?显然,这不能自封,也不能指定,而要靠自身的积极行动来实现,这其中有一个重要条件就是要处理好与街道社区的关系。以 GJS 街道社区发展研究会来说,他们经常站在街道社区的角度考虑问题,站在社区公益事业的高度思考社区的发展。比如参加街道党建会议这种形式,在一定程度上可以说,这是对社区治理结构多元主体常态化联席会议机制的一种拓展,也是主动接受党组织领导的一种形式。在实践中,他们还与街道社区一起发声、一起做事。“研究会与居委会对外联络,发出的声音,不能就事论事,而是用中央的声音评判对与错,这不但能够影响和感染对方,更能提升居委会自身的敏锐性。”“‘小事’‘细节’‘实事’,我们亲眼所看,亲手所为,深刻领悟到社区治理虽然政府是主导,但我们也可以有所作为。如何发挥社会组织的作用?

① GJS 街道社区发展研究会内部资料六。

如何提升自身‘解题’能力？如何激发社会的活力？有很多事情需要去探索，只有这样才能凝心聚力，共圆人民的梦想。”[①]由此可见，GJS街道社区发展研究会通过主动换位思考问题，积极在有为中谋“位”。实践表明，社区社会组织的顺利成长离不开街道社区的指导和支持，社区社会组织要通过自身行动，主动嵌入基层社会治理结构当中，努力构建出其与街道社区的互动关系，当然，这种关系应该是一种良性的网络关系，取向应是友好型的。

对于基层社会治理相关主体特别是街道社区而言，当前亟待改进的重要工作是要因地制宜地营造社区社会组织发挥作用的良好环境。培育发展社区社会组织已成为当前社区治理实践的热点。但在实践中如何培育社区社会组织？政策取向是大力培育，但大力培育不等于突击培育，不等于脱离社区发展环境和阶段进行“拔苗助长”式培育，而是要实事求是、因地制宜，注重养成过程，紧密结合社区发展实际，构筑社区社会组织发展的良好生态系统。在实践中，较为重要的是要充分尊重并发挥群众的首创精神，相信群众、依靠群众、走入群众，鼓励创新，恰当引导，创造有利于社区社会组织生存、生长的环境与条件。GJS街道社区发展研究会之所以能够成立并发挥作用，除了自身因素外，街道社区创造有利条件、鼓励社区社会组织发展的大环境以及整个社会积极开展基层社会治理创新的大形势都是组织成长的有利因素。比如街道社区不仅提供物质条件（场地、办公用品等支持），而且也主动让他们发挥作用（参与有关街道会议、街道领导参加组织例会等）。可以说，GJS街道社区发展研究会之所以能够发展到今天，与街道社区创造实践条件是密不可分的，这些条件包括政治的、社会的、文化的。诚如康晓光等认为，“中国的第三部门现在还非常弱小，

① GJS街道社区发展研究会内部资料四（联合调研小组）。

其特征主要是由外部环境决定的”[①]。这对社区社会组织的培育发展来说,也是适用的,具有一定解释力。社区社会组织的培育发展与外部环境变化联系密切,一定程度上,它现在还没有独立掌控自己“命运”的能力,因此,社区社会组织的培育发展要融入当前社区治理结构与社会组织改革大环境之中。整体来说,社区社会组织的成长态势与街道所采取的激励与约束条件密切相关,受传统因素以及当下社区治理权力结构、社会组织发展应然或实然现状规制。

四　小结与讨论

(一)小结

总的来看,我们通过考察 GJS 街道社区发展研究会的成长过程,分析了社区社会组织嵌入基层治理结构的环境及作用发挥的可能路径。之所以关注这个个案,是想通过其进一步理解社区社会组织所面对的制度发展环境,考察街道社区扶持培育社区社会组织的动力和策略,丰富社区社会组织的类型“面孔”,阐释社区社会组织的行动及治理价值,从而观照社区社会组织的资源获取、动员能力及自主性呈现。

在这个案例中,GJS 街道社区发展研究会的“智囊和参谋”能力如何获得?这种民间力量又是怎么得到街道社区认可的?它参与社区治理的成效如何?我们发现,对 GJS 街道社区发展研究会来说,对党的理论以及中央有关会议文件精神的深入学习、坚持党建引领的推动力量、社区能人的威望与社区社会资本、和街道社区的友好关系、对社区真问题的精准把握等都可能部分回答上述问题。整体来看,该组织

① 康晓光等:《依附式发展的第三部门》,社会科学文献出版社 2011 年版,第 3 页。

通过自身实践行动,如参与协调解决物业纠纷、更正宣传用语、保护居民隐私权等,部分满足了“提供服务、反映诉求、规范行为”的要求。我们也发现,该组织的成长与社区有着天然的亲和性,而且与社区的独特性也密不可分,如社区的资源禀赋、小区类型、建筑规模等,这些变量都有可能影响到它的自主性行动。

在一定意义上,GJS 街道社区发展研究会的组织化过程与实践为超大城市社区再组织化路径的探索提供了一种“思路”的参考,当然,这种参考未必是对具体发展样态的简单复制、模仿。更为可贵的是,它是来自社区内部的一种自组织力量,这种力量是内生性的,不是借助专家团队模式培育的,也不是依靠专业社会组织带动的,更不是市场力量驱动的。可以说,它自身的组织关系以及行动策略为社区治理结构调整与优化带来了一种积极的建构力量,而这种力量的形成过程在一定程度上是具有创新意义的。

社区发展过程中个体“原子化”所带来的一些弊端和影响,使社区再组织化问题被提上了重要议程。如有的地方因开展“创文”“创卫”等工作的需要,由政府投入资金,对小区楼道墙面进行粉刷、对小区绿地草坪进行补种等,这对于年久失修的小区来说,不失为“机会难得”的好事、实事。但实践显示,由于缺乏可持续的后续服务管理安排,小区的“好景”却不长,甚至可谓“昙花一现”,如出现更换的楼门门锁被破坏、补种后的绿植因没得到及时养护而枯死、粉刷后的楼道墙面又被小广告贴满等现象,这是非常值得反思的。当然,出现这种状况固然受多种因素影响,但其中比较关键的因素之一就是缺乏居民广泛参与,特别是缺乏组织化参与,这种参与包括事前的议题形成、咨询,事中的互动、商议以及事后的维护、监督等。因此,新形势下社区的再组织化途径亟待探索。诚然,积极促进社区再组织化,虽有应对社区治理难题及治理形势的实践之亟需,但我们也应该看到,“健康的社会组织化不是一般的团体行动,它应具有合理配置‘公共利益’和改善社会结构的效用”①。

(二)讨论

从现行政策环境来看,之所以大力提倡培育发展社区社会组织,不仅因为其自身所具有的功能使然,如提供部分公共物品和公共服务、提出社区公共议题、反映社区诉求、影响社区公共事件解决、链接社会资源、倡导社区公共意识和社会主义核心价值观等,而且也因为其在基层社会治理体系中的结构所致,如符合社区治理多元化的需求、成为创新社区治理的新手段和新思路等。因此,可以说,社区社会组织的出现是我国社会结构转型、开展社会建设必然要经历的一种实践过程,其在构建基层社会治理新格局中的作用与价值不可或缺。

一定意义上,社区社会组织的培育发展关涉中国特色社会组织整体生存与发展样态。通过观察社区社会组织的实践行为也可以从另一个侧面考察国家与社会的关系,阐释并认识社会组织的发展空间和制度环境。总的来说,在具体实践中,社区社会组织的日常服务管理和培育扶持不能简单套用已有社会组织管理的相关制度,而是应该建立一整套符合社区社会组织特点的制度体系,出台符合时代发展的具体政策,让政策“好用、管用、实用”。顾昕、王旭认为,“1979 年以前,国家主义是社团空间的特征”“中国社团监管体系的重大特征可以用‘国家法团主义’来概括”②。类似的研究虽然为认识和考察我国社会组织发展提供了智识,而且一些政策研制也是沿着这样的理论预设和蕴涵而展开的,但相对于社区社会组织发展而言,我们还缺少更为细

---

① 张静主编:《社会组织化行为:案例研究》,社会科学文献出版社 2018 年版,第 4 页。

② 顾昕、王旭:《从国家主义到法团主义——中国市场转型过程中国家与专业团体关系的演变》,《社会学研究》2005 年第 2 期。

致的理论观察和理论阐释,其产生的一个后果就是政策研制不够聚焦、政策合力不易形成。

我们认为,对于社区社会组织改革发展,也可以借鉴“分类控制”的逻辑来审视。诚如康晓光、韩恒提出的“分类控制体系”,在这一体系中,政府为了自身利益,根据社会组织的挑战能力和提供的公共物品,对不同的社会组织采取不同的控制策略。同时他们也指出,一般说来,公益性的官办非政府组织和草根非政府组织以及没有正式组织形式的兴趣团体对政治权威没有显著的挑战性。① 我们发现,无论是学界还是实际工作部门,一般认为,发展社区社会组织风险较低。但从现实情况来看,存在一个比较矛盾的地方:虽然在实践中急需培育发展社区社会组织,但由于存在“社会组织宏观政策的模糊性”②,导致社区社会组织培育发展制度缺乏精准性。此外,较其他组织来说,很多社区社会组织所提供的公共服务能力还很有限。因此,培育发展社区社会组织的政策空间亟待扩大。

第一,体现实际“民情”。制度政策的“顶层设计”要充分考量居民的日常生活方式,将个体的兴趣、能动性等维度纳入组织培育的视野中,可以说,在这个意义上,社区社会组织的自主性才可能呈现并发挥作用。对此,制度设计还有需要进一步完善的地方,尤其是对现在很多社区来说,可能文体类社区社会组织占据大多数,而我们的政策引导有时却存在单向度的理想化倾向,忽视或取代了对这类组织的进一步培育和支持,其实,与其以增加行政的、社会的成本为代价,不顾实际、硬性培育所谓“符合趋势”的社区社会组织,不如脚踏实地,通过有效引导,让这类组织走向治理或者在此基础上促进组织转型,使之具有“治理”元素。

---

① 康晓光、韩恒:《分类控制:当前中国大陆国家与社会关系研究》,《社会学研究》2005 年第 6 期。

② 黄晓春:《当代中国社会组织的制度环境与发展》,《中国社会科学》2015 年第 9 期。

第二,注重养成培育。发展社区社会组织是一个养成的过程性存在,需要一定的实践环境和社会条件,它不能超越阶段、脱离实践、凭空而生。也就是说,我们一定要促进自然养成,适当引导,注重治理实效,减少一些不必要的形式,真正从理念、策略到实践全过程地来认识社区社会组织的内涵和外延,培育真正能够发挥作用、彰显功能的社区社会组织。

第三,重视行动逻辑。关注社区社会组织的行动逻辑和策略,在实践过程中探讨社区社会组织所面临的权力结构关系及其实践机制,从而为完善社区社会组织培育发展政策提供启发和思路。进一步拓展组织生存发展空间,积极促进社区社会组织融入基层社会治理结构,将其实践行为与国家治理、社会治理、居民自治统一起来,让生活逻辑真正发挥作用。

此外,在当下培育社区社会组织的实践中,怎样规避政策环境所引发的一些非预期后果呢?比如在有的城市社区,按照有关政策文件要求,对于社区社会组织培育发展提出了具体数量规定,这样在任务导向和行政压力下,有些社区居委会就可能会按照“选择性应付”①逻辑开展行动。因此,我们发现,在基层各类培育发展实践中才会有各种“被组织”的现象发生,各种领办、代办以及各种形式多样的、“迎合性的、符合要求的”组织“被生长出来”,从数字上来看非常漂亮,仿佛一夜之间,社区社会组织“遍地开花”,当然,这也导致一些社区中出现了大量“僵尸性组织”,应该说,这些组织只是名称上的形式而已。一定程度上,不仅有基层政府间的“共谋现象”②,而且也可能形成基层政府与居委会之间的“共谋”,而欲减少或消除此现象,有赖于基层治理制度与体系进一步完善。

---

① 杨爱平、余雁鸿:《选择性应付:社区居委会行动逻辑的组织分析——以G市L社区为例》,《社会学研究》2012年第4期。

② 周雪光:《基层政府间的“共谋现象”——一个政府行为的制度逻辑》,《社会学研究》2008年第6期。

第四章

规范增能与协同治理:推动建设“伙伴式”街道社区社会组织联合会

建设街道社区社会组织联合会是创新基层社会治理和推动社会组织改革的重要探索,也是“大力培育发展社区社会组织”的“关键环节”。在这一章,我们通过对天津街道社区社会组织联合会建设实践的分析以及几个典型组织日常运行的观察,认识街道社区社会组织联合会的实践逻辑和现实挑战,尝试从社会治理和政策举措创新角度对街道社区社会组织联合会建设的必要性进行回应,并提出了“强化制度和能力建设,完善内部治理机制;凸显服务功能,及时反映诉求;坚持主业主责,突出专业优势;运用‘三社联动’思维,承接公益创投项目;嵌入街道社区治理结构,协同社会治理创新”等完善组织运行机制的建议,进而讨论建构社区社会组织培育发展新型服务平台的路径选择。

一 街道社区社会组织联合会是扶持培育社区社会组织的重要平台

培育发展社区社会组织是激发基层社会活力、促进居民参与社区活动的重要途径,也是加强社区治理创新、推动社会组织改革的重要手段。2016年8月,中共中央办公厅、国务院办公厅印发了《关于改革社会组织管理制度促进社会组织健康有序发展的意见》,在涉及业务的第一部分就提到要"大力培育发展社区社会组织",并指出"鼓励在街道(乡镇)成立社区社会组织联合会,发挥管理服务协调作用"。同年,财政部、民政部印发的《关于通过政府购买服务支持社会组织培育发展的指导意见》(财综〔2016〕54号)中提出要"鼓励在街道(乡镇)成立社区社会组织联合会,联合业务范围内的社区社会组织承接政府购买服务,带动社区社会组织健康有序发展"。从当前城市基层社会治理的实践来看,街道社区社会组织联合会因其所处位置、定位等因素,已成为孵化社区社会组织、引领社区社会组织发展的重要平台。为此,在推动社区治理体系和治理能力现代化建设、大力培育社区社会组织的过程中,关注枢纽型社区社会组织发展便显得尤为必要。一定意义上,我们可以认为,建设街道社区社会组织联合会是"大力培育发展社区社会组织"的"关键环节"。但是在如何落实和推进建设街道社区社会组织联合会这项具体工作、如何更好地发挥街道社区社会组织联合会枢纽功能和支持作用上,各地的实践探索方式不尽相同,理论认识也不一。因此,从完善制度的角度对街道社区社会组织联合会的实践方式和运行机制进行观察和分析,进而探索符合我国国情、城市发展阶段、能够满足实际需求的街道枢纽型社区社会组织培育发展之路就成为紧迫的实践课题。

下面我们以天津为例[①],通过回顾和总结有关街道枢纽型社区社会组织的政策与研究,分析街道社区社会组织联合会建设的实践探索和现实挑战,从关键性因素视角出发,观察几个典型街道社区社会组织联合会的运行机制,进一步认识和理解街道社区社会组织联合会建设的社会意涵,从实践创新、制度创新的角度阐释街道社区社会组织联合会建设的重要性和必要性,针对天津实际提出促进枢纽型社区社会组织健康发展的政策建议,最后讨论建构能够满足城市社会建设需要、符合社区治理创新要求、功能完善且充满活力的社区社会组织培育发展新型服务平台的路径选择。

二　与街道枢纽型社区社会组织相关的政策与研究

建立街道社区社会组织联合会或者说街道枢纽型社区社会组织是一个较新的政策性实践。从政策把握和理论支撑上看,有关此方面的认识多借鉴和得益于社区社会组织的有关政策以及枢纽型社会组织的相关实践与研究。

(一)社区社会组织的政策推进

一定条件下,可以把街道社区社会组织联合会看作社区社会组织的一种特殊类别,相对来说,它具有枢纽性和支持性等特点。因此,对

① 该部分写作所使用的参考资料主要来源于天津市社会组织管理部门和部分街道提供的汇报材料、笔者参加座谈会和实地走访时搜集的相关资料以及开展半结构式访谈、参与观察所得的资料,在此对提供资料的部门以及接受访谈、参加座谈会和为开展调研提供帮助的相关人员表示感谢。

于社区社会组织的政策认识将有助于我们理解街道社区社会组织联合会的由来以及作用与意义。目前,学界对于社区社会组织的界定还没有统一,但整体来看,对社区社会组织的基本内涵还是有一定共识的。一般认为,社区社会组织的活动范围在社区,其具有一般社会组织共有的一些特征,能够为促进基层社会良性发展和秩序重建贡献力量。

社区社会组织为各界所关注并成为社区治理创新和培育社会组织实践的热点,某种程度上得益于有关政策引导和支持,特别是国家层面的政策说明和阐释。伴随着国家相关政策的出台,社区社会组织的发展也从地方的实践探索走向国家层面的战略实践。如 2009 年 11 月,《民政部关于进一步推进和谐社区建设工作的意见》(民发〔2009〕165 号)中指出要"大力培育服务性、公益性、互助性社区社会组织,发挥其提供服务、反映诉求、规范行为的作用""适当放宽社区社会组织的登记条件,降低门槛,简化登记手续,及时办理备案手续,并在活动场地等方面提供帮助";2010 年 11 月,《关于加强和改进城市社区居民委员会建设工作的意见》(中办发〔2010〕27 号)提到要"注意培养社区社会组织负责人队伍";2011 年 12 月,《社区服务体系建设规划(2011—2015 年)》(国办发〔2011〕61 号)又提出"每个社区拥有 5 个以上的社区社会组织""对不具备登记条件的社区社会组织实行备案制度,并在组织运作、活动场地等方面为其提供帮助"。随着这些政策的落地执行,各地社区社会组织实践探索也开始进入了制度化轨道,主要表现在各地针对社区社会组织发展出台了专门文件,如北京的《北京市城乡社区社会组织备案工作规则(试行)》(京民社发〔2009〕555 号),天津的《关于加强社区社会组织建设的意见》(津民发〔2013〕35 号),上海的《关于加快培育发展本市社区社会组织的若干意见(试行)》(沪民社登〔2015〕2 号)等。

近年来,随着“三社联动”、社区减负增效的深入开展,培育社区社会组织工作又有了进一步推进,对社区社会组织的认识也在不断深化。如2015年7月,民政部、中央组织部印发的《关于进一步开展社区减负工作的通知》(民发〔2015〕136号)中提到,要“积极培育发展社区社会组织”“充分发挥社区的平台作用、社区社会组织的载体作用、社会工作专业人才的骨干作用”。特别是2016年8月,指导社会组织发展的纲领性文件《关于改革社会组织管理制度促进社会组织健康有序发展的意见》(中办发〔2016〕46号)出台,其中强调要大力发展社区社会组织,要求“降低准入门槛”“积极扶持发展”“增强服务功能”。可见,培育发展社区社会组织已成为新时期构建中国特色的社会组织发展之路的“必修课”和战略选择。2016年6月,《民政事业发展第十三个五年规划》指出要支持发展在城乡社区开展为民服务、养老照护、公益慈善、促进和谐、文体娱乐和农村生产技术服务等活动的社区社会组织。2016年12月,《城乡社区服务体系建设规划(2016—2020年)》(民发〔2016〕191号)又进一步明确提出“力争到2020年,城市社区平均拥有不少于10个社区社会组织,农村社区平均拥有不少于5个社区社会组织”。2017年6月,社区治理领域的重量级政策文件《中共中央 国务院关于加强和完善城乡社区治理的意见》出台,在此文件中又提到了大力发展社区社会组织。2017年12月,民政部制定了《关于大力培育发展社区社会组织的意见》(民发〔2017〕191号),至此国家层面有了专门指导培育发展社区社会组织的政策支持。可以预判,未来一段时间内,不仅社区社会组织的数量会有所提升,而且其功能也将会得到进一步发挥,特别是伴随中央层面一系列政策的出台和实施,我国社区社会组织的发展将进入一个快速成长期。

总之,在看到社区社会组织政策利好和发展态势良好的同时,我们也要看到,目前对于社区社会组织还没有一个标准清晰的界定和操作简便的细则，一些政策性的解读和指导大多是在布置其他工作任务时“顺带”提到的，可以说还缺乏必要的完备体系和制度完善的政策安排，而这也给各地完善扶持培育政策留下了一定“观望”的可能。一定程度上，因还没有形成完善的、系统的具有孵化功能和支持作用的社区社会组织服务平台，所以有效的培育模式还不够多，亟待在实践和理论上进一步探索，而建立具有枢纽作用的街道社区社会组织联合会就成为这种探索实践的积极尝试。

（二）枢纽型社区社会组织的相关研究

理解枢纽型社区社会组织有必要先了解一下何为“枢纽型社会组织”。枢纽型社会组织早在 2008 年 9 月北京市社会工作委员会出台的《关于加快推进社会组织改革与发展的意见》中就已经出现了。[①]可以说，枢纽型社会组织是从实践政策的角度来定义和推动的。具体来看，在实践中，哪些社会组织可以成为枢纽型社会组织？以北京为例，北京先后认定了几批市级枢纽型社会组织，如 2009 年认定了第一批 10 家市级“枢纽型”社会组织，包括市总工会、团市委、市妇联等；2010 年认定了市工商联、市志愿者联合会、市律师协会等 12 家单位；2012 年认定了市对外友协、市民间组织国际交流协会等 5 家单位，后续又认定了中关村社会组织联合会、北京市农民专业合作社联合会等多家社会组织，这些“枢纽型”社会组织在政治上发挥桥梁纽带作用，在业务上发挥引领聚合作用，在日常服务管理上发挥平台作用。[②] 从北京的认定实践来看，这些“枢纽型”社会组织一般都属于“条”“系

---

① 参见崔玉开：《“枢纽型”社会组织：背景、概念与意义》，《甘肃理论学刊》2010 年第 5 期；沈荣华、鹿斌：《制度建构：枢纽型社会组织的行动逻辑》，《中国行政管理》2014 年第 10 期；郭道久、董碧莹：《法团主义视角下“枢纽型”社会组织解析》，《天津行政学院学报》2014 年第 1 期等。

② 《北京市认定新一批市级“枢纽型”社会组织》，人民网，http://bj.people.com.cn/n/2014/0728/c82840-21801334.html。

统”“领域”中的典型代表,具有一定的“权威”特征。

另外,从社会组织管理体制来看,为推进社会组织改革和发展,各地按照政府各层级构建了具有枢纽特征的社会组织服务管理网络体系,如北京、天津的市、区、街道(乡镇)三层级的枢纽型社会组织联合会网络,具体为市级社会组织联合会、区级社会组织联合会、街道层级社会组织联合会(本书所说的街道社区社会组织联合会属于此类),可以说,这些枢纽型社会组织联合会更具有“块”“综合”的特征。各地探索成立市、区级社会组织联合会的时间较早、运作方式也较为成熟,而街道层级联合会大部分成立时间不长,大多还处在发展初期和摸索建设阶段。从联系对象来看,街道级社会组织联合会与市、区级社会组织联合会的不同之处集中表现在它主要联络未注册、未备案的社区社会组织。从我国社会组织管理服务体系的实践来看,通过构建“条”“块”结合的枢纽型社会组织体系与平台,能够实现最大限度地联络广大社会组织并践行“以社育社”“以社管社”。有的地方通过专业社会组织的帮助,以枢纽型社区社会组织开展公益项目大赛,打造社区社会组织品牌,如宜昌市伍家岗区万寿桥街道社区社会组织联合会在武汉恩派创新发展中心的指导下,2018 年以“共创美好社区”为主题,举办了首届社区公益项目“金点子”大赛,促成 15 个公益项目落地生根,通过优化包装,打造出一批有影响力的社区社会组织品牌。①

目前,关于枢纽型社会组织在理论上还没有进行确切界定,沈荣华、鹿斌认为,在政府职能转变与转移过程中,作为政府职能重要接盘手的枢纽型社会组织,是同类、同质、同域中社会组织的领军者,是社会力量集体行动的组织载体,具有整合性、联结性、引领性与培育性等

---

① 伍发均、李辉、俞书斌:《宜昌市伍家岗区　公益创投为社区治理添加新动力》,《中国社会组织》2019 年第 16 期。

正向价值。[①] 范明林、茅燕菲、曾鸣则认为,枢纽型社会组织是指在党和政府与各个领域中一般社会组织之间发挥着桥梁和纽带作用的组织。[②] 从理论上来看,法团主义的视角为“枢纽型”社会组织的产生和构建提供了有效的理论阐释。[③] 特别是在法团主义路径下,“枢纽型”社会组织的发展将成为破解社会组织双重管理体制、挖掘其社会管理和服务潜能,进而促成新的国家与社会关系模式的重要探索。[④]

姚迈新总结认为,枢纽型社会组织的产生背景,主要是突破“双重管理体制”的治理困境、消解“高分化、低整合”下的社会矛盾、实现对社会组织的“网络有机整合”。[⑤] 尤其是通过枢纽型社会组织实现社会组织网络有机整合在理论上被赋予更多阐释,在行动上被给予更多期待。从枢纽型社会组织出现开始,如何处理枢纽型社会组织与所联系的社会组织之间的关系一直是关注的重点。尹志刚、李泓指出,枢纽型社会组织与其他中小组织的关系,是通过网络进行沟通与协作的关系,它们之间最紧密的联系应当是共同承担实施项目(特别是政府项目)的平等协作关系,而不是行政隶属关系。[⑥] 也就是说,枢纽型社会组织不是行政部门,更不可能成为行政部门,在社会服务管理创新的驱动下,其社会性只会增强,不会削弱。[⑦]

无论从实践推动还是从理论建构来看,枢纽型社会组织的出现及实践过程都具有一定现实意义和社会价值,但我们也需要看到,它也

---

① 沈荣华、鹿斌:《制度建构:枢纽型社会组织的行动逻辑》,《中国行政管理》2014 年第 10 期。

② 范明林、茅燕菲、曾鸣:《枢纽型社会组织与社区分层、分类治理研究——以上海市枢纽型社会组织为例》,《社会建设》2015 年第 3 期。

③ 崔玉开:《“枢纽型”社会组织:背景、概念与意义》,《甘肃理论学刊》2010 年第 5 期。

④ 郭道久、董碧莹:《法团主义视角下“枢纽型”社会组织解析》,《天津行政学院学报》2014 年第 1 期。

⑤ 姚迈新:《“枢纽型”社会组织:目标偏离与防范》,《广东行政学院学报》2014 年第 1 期。

⑥ 尹志刚、李泓:《关于构建“枢纽型”社会组织工作体系的调查与思考》,《北京行政学院学报》2009 年第 6 期。

⑦ 刘轩:《关于“枢纽型”社会组织建设的思考》,《学习与实践》2012 年第 10 期。

有一定的局限性和可能存在的风险与弊端。对此，很多学者从建设性角度提出了一些需要在实践中注意和恰当把握的问题。如要警惕枢纽型社会组织“垄断、行政化”①，对出现管理层级增加、组织利益分割、组织间关系难以协调、业务指导有偏差等消极后果要有清醒认识。② 特别是由于具有官办性质和行政化运作的特点，使枢纽型社会组织这一社会组织管理体制创新不仅面临“换汤不换药、新瓶装旧酒”的尴尬，而且还会出现资源垄断、危及公平等不良现象。③

整体来看，多数学者对枢纽型社会组织的创新实践都给予了积极的评价，也对未来发展方向和趋势提出了具有参考价值的建议并进行了建设性探讨。如推动枢纽型社会组织走向真正的“伞状联盟”④；政府应该建立完善枢纽型社会组织认定、管理、监督、评估的工作机制，枢纽型社会组织也应该完成由政府认定到社会认可的支持性社会组织的转型等。⑤

总之，已有社区社会组织的相关政策以及枢纽型社会组织的研究成果与实践，为进一步认识和探索街道社区社会组织联合会建设提供了理论基础和实践指导。大力发展社区社会组织已成为促进社会组织改革、创新社区治理的现实要求，而“社区社会组织的层次性、多样性和成长性特征决定了社区社会组织需要一个整合性和扶持性的培育主体平台，这一平台也成为社区公共服务供给的二级服务提供

---

① 郭道久、董碧莹：《法团主义视角下“枢纽型”社会组织解析》，《天津行政学院学报》2014年第1期。

② 李璐：《分类负责模式：社会组织管理体制的创新探索——以北京市“枢纽型”社会组织管理为例》，《北京社会科学》2012年第3期。

③ 马庆钰：《纠正枢纽型社会组织的发展偏向》，《行政管理改革》2014年第9期。

④ 马庆钰：《纠正枢纽型社会组织的发展偏向》，《行政管理改革》2014年第9期。

⑤ 石晓天：《我国枢纽型社会组织的功能特征、建设现状及发展趋势——文献综述的视角》，《理论导刊》2015年第5期。

方"[①]。另外,从现实来看,社区社会组织"柔性"服务管理式微、资源获取渠道受限等难题还没有解决,需要在实践的"关键环节"上有所突破创新,而街道社区社会组织联合会恰有可能成为这个"关键环节"的切入点。因此,发挥街道社区社会组织联合会的枢纽和支持作用、完善枢纽型服务平台运行机制就成为回应上述诸多难题的一种有益探索。

三 街道社区社会组织联合会建设的实践探索与现实挑战:以天津为例

本书所说的街道社区社会组织联合会,是指在街道层面建设的枢纽型社区社会组织,因各地组建时的情况与面临的条件有所不同,所以在名称上也有些差异。从天津来看,有的称为街道社会组织联合会,有的称为街道社区社会组织服务促进会等,但大部分还是称为街道社区社会组织联合会,而且有进一步规范此名称的趋势。由于这些枢纽型社区社会组织的功能定位、组建目的是基本一致的,从实践和政策来看,这类组织都被纳入大致相同的政策中来培育扶持,为了行文方便,除了特别说明,本书一般都将这类枢纽型社区社会组织称为街道社区社会组织联合会。

街道社区社会组织联合会之所以进入政策和实践视野,主要源于社区社会组织的成长和发展。也可以说,在当下积极推动社会建设的时代背景下,发展枢纽型社区社会组织有一定的现实性。在城市社会,伴随着"单位人"向"社会人"的转变,城市社区治理实践出现了一些新变化、新情况,如大量形式多样的"草根性"社区社会组织活跃于

① 吴素雄、郑卫荣、杨华:《社区社会组织的培育主体选择:基于公共服务供给二次分工中居委会的局限性视角》,《管理世界》2012 年第 6 期。

社区生活当中。从实践来看,随着社区建设和社区治理的深入推进,培育社区社会组织已成为一定的社会共识。通过居民自发组建、社区倡导等不同方式,一般城市社区都有几个甚至几十个社区社会组织,这些社区社会组织通过各种实践丰富了居民社区生活、满足了不同层次的社区需求、增进了社区信任和社会资本、提高了社区居民的公益意识,已成为当前城市社区治理多元结构中的重要主体。当出现如此多的社区社会组织时,不仅基层社会治理结构和方式需要调整,而且如何更有效地对社区社会组织开展服务和管理也成为基层治理实践的现实课题。于是,组建街道社区社会组织联合会就成为完善社会组织管理机制和应对社区治理现实需求的一种选择。从自身需求和发展来看,社区社会组织也需要表达利益诉求、参与公益实践、交往分享沟通、提升自身能力等方面的渠道和平台。这样,在政府主导下,街道社区社会组织联合会应运而生,成为政府和社区社会组织进行沟通的桥梁和纽带。

可以说,成立街道社区社会组织联合会是适应社会组织参与社区治理的现实需求,也是理顺社会组织管理体制、促进社会组织健康发展的迫切需要。从应然的角度看,街道社区社会组织联合会能够发挥支持作用,为社区社会组织搭建平台、提供服务、整合资源,尤其是在公益实践、业务培训、组织建设、政策解读、党建指导等方面提供支持。通过各种行之有效的实践和网络整合机制,街道社区社会组织联合会也能够规范社区社会组织健康有序发展,提升社区参与的组织化程度,改善社区治理结构和邻里关系,推动社区服务长效化、常态化,扩大志愿服务和社区公益的社会影响力,提高社区服务质量和精准度,增进社区认同和共同体意识。

截至2016年12月,天津市共建立了237个街(乡镇)社区社会组织联合会,创建了“1+N+X”组建模式,规范了“一级主体,分级负责”的备案管理体制,实现了街(乡镇)级枢纽型社区社会组织的全覆盖和全市社区社会组织备案总量翻一番的目标,总量由2012年的1.2万个达到2.6万个。[①] 在区级层面,滨海新区较早探索成立和发展枢纽型社区社会组织,通过实践创新取得了一定成效,社区社会组织数量大幅提升。

从发展历程来看,自2010年以来,天津市加大工作推动力度,不断探索建设街道枢纽型社区社会组织,2010年8月成立的滨海新区新港街社会组织联合会是这类组织中较早建立的,2011年7月成立的南开区王顶堤街社会组织发展促进会是市内六区中建立较早的。整体来看,天津市街道社区社会组织联合会大部分组建时间是在2013年前后,这是因为,2013年4月,天津市出台了《关于加强社区社会组织建设的意见》(津民发〔2013〕35号),提出了创建和推行“1+N+X”社区社会组织组建模式。这里的“1”就是指每个街、乡镇建立1个枢纽型社区社会组织联合会(或服务中心)。因此,可以说,天津市街道社区社会组织联合会是政府倡导、政策推动的结果。从现实情况来看,枢纽型社区社会组织在天津市整个社会组织服务管理体系中处于重要位置,是培育社区社会组织发展的重要载体和服务平台。

在政策推动下,天津市在街道层面实现了社区社会组织联合会全覆盖,社区社会组织联合会的探索实践也取得了一定社会效益,但由于在认识程度、政策把握、人力投入等方面存在差异,社区社会组织联合会在枢纽作用的发挥上也是良莠不齐。为此,天津市民政部门立足实际,强化对社区社会组织的引导培育,积极推动街道社区社会组织联合会建设并使其逐步由有形覆盖走向有效覆盖,不断加大实践创新和政策创制力度。特别是在2016年3月制定的《天津市社区公益事

---

① 《我市首次举办街乡镇枢纽型社区社会组织培训班》,天津社会组织网,http://www.tjstj.gov.cn/News/201612/201612151407259.htm。

业专项补助经费使用管理暂行办法》(津民发〔2016〕12 号)[①],规定社区公益事业专项补助经费是指用于社区助老助残助困助孤等政府购买社区社会组织服务项目的资金,且专项补助经费按每年每户 12 元的标准从市级福利彩票公益金中提取,并随经济社会发展和社区工作需要适时提高提取标准。于是,自 2016 年以来,在稳定的资金保障和具有约束性的政策机制支持下,各级政府及有关部门主动采用多种推进方式、运用各类政策支持街道社区社会组织联合会建设,天津市街道社区社会组织联合会建设进入了一个新的发展阶段。

伴随着资金保障、资源投入力度的加大,以政策为引导的社会效应正在放大,街道社区社会组织联合会的自身建设逐步走向正规、功能发挥的充分性也逐步显现。一些街道社区社会组织联合会健全了内部治理结构,配备了专职社工负责日常运行,如 WX 街社会组织联合会、TYZX 街社区社会组织联合会等;有的社区社会组织联合会通过整合社区场地资源,多渠道解决办公场所,如 DG 街社会组织联合会、TYZX 街社区社会组织联合会等;有的社区社会组织联合会在综合使用社区专项补助经费基础上,多种方式筹措资金保障联合会开展特色活动;有的社区社会组织联合会主动作为,发挥孵化培育功能,如 WDD 街社区社会组织联合会孵化了“阳光之家”等 5 个社区社会组织、XF 街社区社会组织联合会培育了“红色记忆”等 5 个在地社区社会组织[②]。

在天津市开展的公益创投[③]实践中,枢纽型社区社会组织为社区

---

① 2019 年,天津市根据实践发展需要,适时出台了《天津市社区公益事业专项补助经费使用管理办法》。

② 《南开区社区社会组织工作汇报调研材料》(2016 年)。

③ “公益创投是一种将经济领域中‘风险投资’理念应用到公益领域,以‘投资’思维全面支持社会组织的能力发展,提升其社会影响力的新型公益资助方式。公益创投到目前并没有一个明确的定义和模式,只是一种公益资助理念的总称。”(高一村:《公益创投 一种新型的公益资助方式》,《中国社会组织》2016 年第 2 期)

社会组织参与社会治理与社区服务提供了重要平台。在市级层面，如2016年天津市市级层面的公益创投由枢纽型社区社会组织承接的项目主要有[①]：天津市北辰区集贤里街社区社会组织联合会为老服务项目、天津市南开区学府街社区社会组织联合会“儿童心智成长发展”项目等；2017年天津市市级层面的公益创投项目由枢纽型社区社会组织承接的项目主要有[②]：天津市北辰区北仓镇社区社会组织联合会“居家生态环保科技进社区”公益服务项目、天津市河北区铁东路街社区社会组织服务中心“空巢老人社区人文养老”项目、天津市西青区大寺镇社区社会组织服务管理中心“温暖身边人——城乡社区居家养老志愿服务”项目、天津市北辰区集贤里街社区社会组织联合会“绿色地球 美丽未来”项目等。

在区级层面，如和平区，2016年公益创投由枢纽型社区社会组织承接的项目主要有[③]：小白楼街道社区社会组织服务促进会的“小白楼街‘爱洒回家路’老年人二维码腕带试点项目”“小白楼街‘近邻助高龄，志愿帮扶老人’试点项目”以及“南营门街道社区社会组织服务促进会的‘爱晚讲师团试点项目’”等；2018年公益创投项目中由枢纽型社区社会组织参与的主要有[④]：五大道街道社区社会组织服务促进会的“宜带宜路”社工陪伴成长能力提升试点公益项目、南市街道社区社会组织服务促进会（裕德里社区居民委员会）的南市街裕德里社区“老街坊互助会”四社联动工作机制探索试点公益项目、劝业场街道社

---

① 《关于2016年天津市社会组织公益创投项目立项名单的公示》，http://www.tjstj.gov.cn/News/201606/201606011712529.htm。

② 《关于2017年天津市社会组织公益创投项目立项公示的通知》，http://mz.tj.gov.cn/shzzggfw/system/2017/11/02/000006358.shtml。

③ 《关于发布2016年和平区公益创投项目立项名单的通知》，http://www.tjstj.gov.cn/News/201603/2016033010433318.htm。

④ 《关于天津市和平区2018年社会组织公益创投项目立项名单的公示》，http://mz.tj.gov.cn/shzzggfw/system/2018/09/03/000007852.shtml。

区社会组织服务促进会(百货大楼社区居民委员会)的百货大楼社区“心之语”手语队试点公益项目、南市街道社区社会组织服务促进会(庆有西里社区居民委员会)的南市街庆有西里社区亲子课堂提升试点公益项目、小白楼街道社区社会组织服务促进会(泰安道社区居民委员会)的泰安道社区“丝丝邻里情”试点公益项目、新兴街道社区社会组织服务促进会(新兴南里社区居民委员会)的卫津路社区“天使健康行,温暖社区情”试点公益项目等;2019至2020年,社会组织公益创投项目中由枢纽型社区社会组织参与的主要有①:五大道街道社区社会组织服务促进会(华荫南里社区)的“病来得晚一些、老得慢一些”助老养生保健知识讲堂公益项目、劝业场街道社区社会组织服务促进会(新津社区)的“我想更懂你”亲子陪伴公益项目、南营门街道社区社会组织服务促进会(昆明路社区)的昆明路社区“美丽社区 环保有我”公益项目、小白楼街道社区社会组织服务促进会的小白楼街道“禾计划”——社区社会组织及社区社工赋能项目、新兴街道社区社会组织服务促进会(朝阳里社区)的新兴街道朝阳里社区“我们携手唱响社区”公益项目、小白楼街道社区社会组织服务促进会(喜爱社区服务中心)的小白楼街道“慢步云飘”项目、南市街道社区社会组织服务促进会(大都会社区)的成长伴我行——大都会社区4:30课堂试点公益项目等。

另外,滨海新区也不断加大投入,积极引导枢纽型社区社会组织参加公益创投实践。以2016年为例,枢纽型社区社会组织参与的公益创投项目主要有②:塘沽街道社会组织联合会“彩虹微笑”儿童庆生会项目、大港街道社会组织联合会“七彩阳光”关爱残疾人服务项目、

① 《关于天津市和平区2019—2020年社会组织公益创投项目立项名单的公示》,http://mz.tj.gov.cn/shzzggfw/system/2019/12/10/030634190.shtml。

② 《关于滨海新区2015—2016年社会组织公益创投项目立项的通知》(津滨民发〔2016〕11号)。

汉沽街道社会组织联合会“收藏开启互助锁,集报搭建连心桥”项目、茶淀街道社区社会组织联合会“晨光—丽日—夕阳”孝亲敬老志愿服务活动项目等。这些公益创投项目,不仅满足了部分居民多样化的社区需求,而且也提升了一些社区社会组织参与社区治理及自我服务、自我管理的能力。

整体来看,枢纽型社区社会组织通过组织引导、整合资源、协调服务,让各类社区社会组织联系在一起,增进社区社会组织之间的互动沟通,使社区社会组织有序参与社区建设、社区治理。在此过程中,不仅社区志愿服务、社区文化建设、文明生活方式倡导、社区治安巡逻、社区环境保护等各类社区实践有了一定组织保障,而且居民多样化需求得到了有效回应,社区社会组织自身建设也得到了加强。一定意义上,可以说,枢纽型社区社会组织的作用发挥程度将对社区社会组织培育发展的总体进程产生重要影响。当然,城市基层社会治理实践在不断发展,枢纽型社区社会组织的组建模式、运作方式仍需不断完善、探索与创新。

大体上看,天津市街道社区社会组织联合会的枢纽和支持作用主要体现在搭建载体、建设平台上,较为突出的表现主要有:其一,支持社区社会组织参与公益创投活动。在天津市各级公益创投活动中,因备案的社区社会组织不具有法人资格,没有独立账户,不能独立参与公益创投活动,这样备案的社区社会组织参与公益创投活动需要与所在街道社区社会组织联合会进行合作,以组团方式来参与。一定程度上,公益创投是社区社会组织培育路径的一种实践尝试,但相关机制还需要进一步完善。其二,搭建各种平台载体。一些街道社区社会组织联合会根据自身特点和条件,为辖区内各类社区社会组织搭建孵化培育、政策服务、资源链接、自我服务、交流展示等各类平台载体,助力处于初创和成长期的社区社会组织健康有序发展。如北辰区集贤里街社区社会组织联合会充分发挥枢纽作用，整合资源，服务群众，有效动员各方力量，履行链接资源、引领发展、搭建平台的职能，截至2019年8月，成功承接17个优秀公益项目，聚集了183万余元公益金，提供针对养老助老、青少年儿童、女性与家庭、扶贫助困、特殊人群、志愿培训等专业社会服务，服务居民26200人次。① 其三，大力宣传社区社会组织。这主要体现在利用微信公众号等新媒体介绍社区社会组织、宣传社区社会组织的各种实践等，如TZ社团、WX社团等微信公众号经常推送本区域内社区社会组织的相关活动以提高其影响力和知名度。

整体来看，天津市不断加大工作力度，在街道层面推动组建枢纽型社区社会组织，社区社会组织培育服务平台不断完善，为推动政社互动、“三社联动”提供了重要支撑。从基本面上看，天津市街道社区社会组织联合会基本都建立了起来，也取得了一定的成绩，在孵化扶持社区社会组织、整合社区内外资源、引导社区组织有序发展、创新社区公共服务供给方式等方面产生了积极影响。但与促进社会组织改革、创新社区治理实践的要求相比，与大力培育社区社会组织所需要的综合性政策和高标准实践要求相比，街道社区社会组织联合会的枢纽和支持功能发挥得还不够，行政依赖惯性使其缺乏加强自身建设的自觉性，突出表现在自身治理结构不够完善，专职、专业人员缺乏，业务能力不够强，保障机制不健全，公信力与影响力不足。

另外，根据有关政策要求，不具备登记条件的社区社会组织由街道办事处来具体实施备案管理和分类指导，街道办事处也是街道社区社会组织联合会的业务主管单位。实际上，街道办事处在培育发展社区社会组织和建设街道社区社会组织联合会中的作用很大。从现实来看，街道社区社会组织联合会日常运行机构的组成人员一般是街道

① 《本市实施“三社联动” 激发社区服务新活力》，《每日新报》2019年8月8日第T2版。

办事处相关业务科室的工作人员和街道社工。有的街道会安排专职社工专门负责社区社会组织联合会的运行,配足专业力量。有的街道因人员缺乏等原因,机构运行人员基本都是兼职,也不专业,这就造成了“上级有工作部署,就推动一下”“闲时做,忙时不做”,可以说,这类社区社会组织联合会只具有“形式意义”。有时一些街道受行政事务多、工作人员有限等客观因素影响,一旦上级有新的工作任务且工作紧急、任务量大时,就会找社工长期“帮忙”或临时抽调社工,造成有些社工虽然名义上在做社区社会组织工作,但实质上却被长期“借调”,其受自身组织建设制约以及惯性思维影响,聚焦“主业”、凸显专业业务的实践能力不强,时常出现偏离目标的情况。有的社区社会组织联合会在认识上比较模糊,工作方式方法不够专业,在进入社区开展活动时,习惯用“上级要求”给社区布置任务,致使社区工作人员不理解。还有的社区社会组织联合会在参与公益创投项目活动中,名义上与社区社会组织合作开展,但在具体执行中,为了“方便、提高效率”便由社工单独推进,看不到社区社会组织参与的身影。

四　几个典型街道社区社会组织联合会的运行观察:基于关键性因素的视角

建设街道社区社会组织联合会是培育社会组织发展实践的现实要求,也是社区治理走向深入的题中之义。但从政策指导来看,对如何建设街道社区社会组织联合会并没有较强操作性的政策措施,政策用语在表述上一般是“鼓励”字样,大多数政策还是倡导性的。由于街道社区社会组织联合会与现有其他枢纽型社会组织在资源获取、网络构建等方面存在差异,这也决定了它的运行方式和实践逻辑与较为成熟的枢纽型社会组织是有所不同的。某种意义上讲,在如何建设运行街道社区社会组织联合会上并没有“现成经验”,它的建设运行是“摸着石头过河”的探索实践。为此,通过观察相对规范的典型街道社区社会组织联合会的具体运作过程,将有助于我们理解和认识街道社区社会组织联合会的一般实践逻辑和生存样态,同时,这也能使我们更好地了解哪些关键因素在影响街道社区社会组织联合会的正常运行实践。

(一)政府主导与扶持是推动街道社区社会组织联合会建设的现实要求

在现阶段,街道的重视和支持尤为重要。在天津市几个运行顺畅、工作开展得比较好的社区社会组织联合会中,均能看到街道的“关键”作用,这主要表现在街道领导重视、街道注重资源投入与人员保障、能够将街道社区社会组织联合会纳入街道整体工作计划和社区治理工作中等。如 TYZX 街,为街道社区社会组织联合会配备两名专职社工,还把建设社区社会组织列入街里的工作要点,明确指标任务,并鼓励给当年新成立的社区社会组织一千元启动经费;①GFD 街将社区社会组织的培育发展建设工作纳入街道和谐社区建设总体规划中;XBL 街社区社会组织服务促进会成立之初,先后召开了不同类型团队的负责人会议,了解社区团队情况,并把座谈会的情况向街道领导汇报,同时也将区、街工作要求传达到社区,充分发挥其在诉求表达和上意下传方面的作用。② 笔者在访谈中,曾问过一个街道负责社团工作的人员是如何发现街道里非常活跃的社区社会组织带头人 D 先生的。她说:“其实是街道书记发现的。街道书记非常认可以 D 先生为带头

① 参见《TYZX 街社区社会组织联合会典型材料》。

② 参见《积极探索、努力实践,为建设美丽 BL 做贡献》(汇报材料)。

人的社区社会组织所开展的各种志愿活动,所以也就重视社区社会组织联合会的工作。"她坦言:"没有街道书记的重视,社区社会组织联合会可能就不会有今天的发展局面。"这个社区社会组织联合会有计划、有组织地开展各类活动且带动效果较为明显,具有一定"社会威望",它不仅有三位专职人员和独立的办公场所,而且也能够经常得到街道各种资金、资源、表彰及精神奖励等。

(二)承接政府服务项目或参与政府支持的公益创投是现阶段街道社区社会组织联合会运行的主要支撑

从 XBL 街社区社会组织服务促进会的实践来看,它在 2015 年至 2016 年,共承接了十三个政府购买的服务项目,主要有 XBL 社会组织服务中心建设和居民需求情况调查试点项目、"爱洒回家路"老年人二维码腕带试点项目、"近邻助高龄,志愿帮扶老人"试点项目、蒲公英成长计划试点项目、新市民健康服务试点项目以及老年人心理慰藉、老年人智能手机使用培训、社区老年餐桌、美丽社区建设、社区社会组织建设试点项目等,其根据项目特点以及自身发展实际情况,采取了五种方式,即委托、合作、自办、指导和通过"三社联动"机制来实施这些服务项目。① 从 DG 街社会组织联合会来看,2014 年和 2015 年两年,其共承接了四个创投项目,即"筑巢行动"社会组织平台建设项目、"四进军营"拥军服务项目、"七彩阳光"关爱残疾人服务项目和"创和谐邻里,建美丽家园"邻里节服务项目。② 从调研的几个典型社区社会组织联合会的运行实践来看,我们发现,它们都在积极承接政府服务项目或参与公益创投,并通过这些实践来为自己"增能"。就天津的实践而言,政府积极通过项目扶持街道社区社会组织联合会发展,而

---

① 参见《XBL 街促进会事迹材料》。
② 参见《社会组织建设调研座谈会汇报材料》(DG)。

且政策支持和鼓励的力度也在不断加大,如在天津市 H 区 2016 年第二批财政支持社会力量参与社会服务示范项目立项的 75 个项目中,就有 45 个是由街道枢纽型社区社会组织来参与的;天津市 N 区首届社会组织公益创新项目大赛中标的 20 个项目中,有 15 个项目由街道社区社会组织联合会来承担。一定意义上,街道社区社会组织联合会成立与成长离不开各级政府开展的公益创投实践,正是有了相对稳定的预期和活动安排,街道社区社会组织联合会才能不断发展壮大,才有可能成长为政府的“合作伙伴”。

(三)围绕职责定位提供有效服务是提升街道枢纽型社区社会组织公信力的基本途径

如 XBL 街社区社会组织服务促进会,通过活动了解团队、熟悉骨干、发现人才,进而整合队伍,提高能力,其整合了摄影、书画、编织三支街级团队,在活动水平和人数上较之前都有所提高和增多;对新成立队伍给予活动经费和活动场地支持,如给予 CD 道烫葫芦班、DW 里墨香 DW 刻瓷社等社区社会组织大力支持;为全街书画团队进行了杨柳青年画培训、对编织团队每年进行不少于两次的技能培训等,引导社区团队活动方向,为社区创新活动提供支持。[①] 又如 DG 街社会组织联合会面向 33 个社区征集具有示范性和带动性的特色社会组织服务项目,打造“一个社区,一个特色的社会组织”。[②] 再如 WX 街社区社会组织联合会通过调研了解社区对社区社会组织的认知情况;了解现有社区社会组织的发展状态、存在的具体困难及需求;发掘潜在的公益创投项目及整合社区社会组织的可能资源。[③]

---

① 参见《积极探索、努力实践,为建设美丽 BL 做贡献》(汇报材料)。

② 参见《社会组织建设调研座谈会汇报材料》(DG)。

③ 参见《WX 街社区社会组织联合会基线调研报告》。

（四）搭建平台、联动多方是拓展枢纽型社区社会组织功能的有效方式

如 WX 街社区社会组织联合会广泛动员辖区内各个企事业单位，借助专业社会组织和一些爱心企业的力量，发展、宣传社区社会组织活动。[①] 又如 XBL 街社区社会组织服务促进会征集社区居民制作的不同门类的技艺作品，并为其提供展示平台，根据手工作品的特点收购、订购社区团队作品，并在该促进会的展卖柜台上代销；借助街道辖区内单位优势，联建共建，开展特色品牌活动，与市民间文艺家协会布雕专业委员会携手举办布雕布艺大赛，丰富群众生活，扩大社会影响力。[②]

（五）专职、专业人员是街道社区社会组织联合会正常运行的关键变量

从调研来看，这几个典型社区社会组织联合会都配有专职人员，有些工作人员还持有国家社工职业资格证书。可以说，专职、专业人员多的社区社会组织联合会活动丰富多彩，开展实践的成效也较为明显。比如在资源链接整合、创新孵化新招法、机构可持续发展等方面表现出了专业优势和价值。TYZX 街社区社会组织联合会开展“企社联手”“义社联动”，链接更多资源，提升社区服务；激发社工工作热情和主观能动性，利用“每月社团例会不分配任务、无工作要求，进而演化成集思广益、推陈出新、碰撞创意的聚会”，以“不求成败得失，只愿不断超越”等方式调动社工深入谋划社区社会组织培育工作。[③] DG 街社会组织联合会强化专业培训，加大对社会工作和社会组织工作人

① 参见《WX 街社区社会组织联合会基线调研报告》。
② 参见《积极探索、努力实践，为建设美丽 BL 做贡献》（汇报材料）。
③ 参见《TYZX 街社区社会组织联合会典型材料》。

才的培养和扶持，使工作人员对社区社会组织联合会未来发展有更多深入的思考和探索，能够提出有价值的建议。[①]

五　促进天津枢纽型社区社会组织健康发展的几点建议

针对天津枢纽型社区社会组织发展实际及面临的突出问题，为进一步促进天津枢纽型社区社会组织健康有序成长，提出如下几点建议。

（一）加强党建工作，充分发挥党建引领作用

进一步发挥党建政治引领作用，以枢纽型社区社会组织党建工作带动组织健康发展，有效利用党建资源，不断强化服务功能，凝聚群众，增强枢纽型社区社会组织发展活力。坚持问题导向，加强人员、经费等保障机制建设，健全天津枢纽型社区社会组织党建工作机制，充分发挥枢纽型社区社会组织党组织战斗堡垒作用。创新枢纽型社区社会组织党建工作，认识和把握天津枢纽型社区社会组织的特点，探索党组织发挥作用的新方式。创新党建工作方法和活动形式，强化枢纽型社区社会组织党建工作的品牌建设。

（二）推动规范化建设，凸显培育引导功能

规范化建设是枢纽型社区社会组织发挥服务管理作用的重要基础性工作。按照功能完备、作用明显的要求，不断强化制度和能力建设，完善内部治理结构，建立体现社会组织本质特征的制度化治理规

① 参见《社会组织建设调研座谈会汇报材料》（DG）。

则和机制,以规范化建设增强枢纽型社区社会组织的服务能力。围绕自身定位,自觉发挥枢纽型社区社会组织培育、引导、协调功能,不断提高其依法自治能力。深化街道职能改革,做实做强街道枢纽型社区社会组织,促进政社合作。充分发挥社区社会组织"代言者"的作用,积极主动协同有关各方,建立常态化的联络、激励等机制。完善服务设施保障机制,加强互动联系和资源整合,为社区社会组织提供场地、经费、组织运行等方面支持。警惕枢纽型社区社会组织行政化倾向,创新工作方式,增强自主性。尝试枢纽型社区社会组织组建、服务方式创新,探索有天津特色、符合社区实际需要的社区社会组织培育发展新模式。针对当前社区治理及社区社会组织发展的现实,因地制宜,加强示范和品牌建设,提升社区社会组织知名度和公信力。

(三)加强专业化人才队伍建设,提升教育培训工作质量

目前,天津枢纽型社区社会组织中专职化、专业化工作人员相对较少,而这已严重影响了枢纽型社区社会组织服务能力与服务质量的提升。为此,针对天津市社会组织发展的新形势、新情况,应通过制度创新,建立健全相关保障、激励机制,逐渐减少"兼职人员",配备充足的专职化、专业化社会工作者,打造一支充满活力的社区社会组织服务人才队伍。加强从业人员的教育培训工作,对现有从事社区社会组织服务管理的工作人员进行专业知识和业务技能培训,建立枢纽型社区社会组织负责人培训制度。适应基层社会治理创新的新要求,教育培训工作要定期、常态化开展,内容要与时俱进,并不断增强针对性和有效性。

(四)总结公益创投实践经验,完善公益创投相关机制

实践表明,公益创投是天津培育社区社会组织的一种积极尝试。

要及时总结天津社区公益创投实践经验，适时推广成功做法，这既能为今后公益创投实践提供借鉴参考，也能为探索创新社区服务提供新方式。根据天津社区实践的特点和实际，进一步优化公益创投实施方案，强化制度保障，提高实践操作性。健全符合天津实际的公益创投活动相关机制，进一步完善公益创投活动的程序，特别是投入形式、财务管理、考核办法、绩效评价等内容。在立项、实施等环节中进一步发挥天津枢纽型社区社会组织的平台和载体作用，积极引导、联合、协助社区社会组织参与公益创投活动，使社区社会组织在参与社区建设、满足社区需求中不断成长，实现自我教育、自我服务、自我管理、自我监督。不断探索向枢纽型社区社会组织购买服务的新方式、新机制，提高社区公共服务的质量和效率。

六　启示与讨论

（一）启示

整体来看，各地对于建立和发展街道社区社会组织联合会的探索形式、深度不一，认识程度也存在差异，还没有形成一套完备的政策支持体系，亟待完善相关制度安排和实践指引。为此，构建符合城市基层社会治理创新需要的社区社会组织培育发展新型服务平台、健全城市街道社区社会组织联合会运行机制就显得尤为必要。

第一，应强化制度和能力建设，完善内部治理机制。健全街道社区社会组织联合会扶持政策及配套实施细则，增强制度指导性和可操作性，形成有利于街道社区社会组织健康发展的政策支持体系和氛围，在规范中进行“增能”，提高街道社区社会组织联合会的自主性。

不断强化街道社区社会组织联合会的自身建设,使之具有与其定位和职能相匹配的能力和水平,以章程为主线,完善自身内部治理,健全内部治理机制,完善激励与约束机制。配备专职社会工作专业人才,加强针对负责人和工作人员的专业化培训,提高街道社区社会组织联合会工作人员的综合业务素质。建立信息公开平台,完善信息公开制度。

第二,应凸显服务功能,及时反映诉求。加强对街道辖区社区社会组织的培育引导,实施分类指导,通过支持服务、联络交流、业务培训、链接资源、综合协调等方式,充分发挥街道社区社会组织联合会的服务功能。一定意义上,枢纽型社区社会组织的首要任务是提供服务,其影响力和凝聚力不是靠行政力量换来的,而是在提供优质周到的服务中逐渐形成的。[①] 广泛联络本区域内的社区社会组织,了解社区社会组织的生存状态,及时反映社区社会组织的各种诉求。培育发展各类能够满足社区需要的社区社会组织,通过多种途径提高社区社会组织的活跃度。开展服务要贴近社区社会组织需求、贴近居民实际需求、"接地气",从居民乐于参与、便于参与的活动入手,培养居民的参与意识,逐渐引导居民参与社区协商议事、小区业主自治等各种社区治理实践。

第三,应坚持主业主责,突出专业优势。准确把握定位和功能,履行好街道社区社会组织联合会所具有的职能。在实践中,围绕主业与"专业"开展活动,不能把街道社区社会组织联合会当作"筐",什么都往里"装",否则会模糊街道社区社会组织联合会的专业身份和"主业主责"。激发街道社区社会组织联合会的活力,突出其应具有的专业优势和组织能力,聚焦项目开发和活动开展中的专业引领,强化专业表达,寻求内生性发展,不断拓展社区服务空间。

---

① 刘轩:《关于"枢纽型"社会组织建设的思考》,《学习与实践》2012 年第 10 期。

第四，应运用“三社联动”思维，承接公益创投项目。公益创投实践活动是社区需求发现、社区自我服务、社区自我管理、社区活力激发的实践过程。根据创投项目的不同特点和情况，采取不同方式运行项目，有的项目需要与社区社会组织联合来承担，有的项目需要由街道社区社会组织联合会自己来承担，可能现实中还可以创新更多不同形式的运行方式，但贯彻项目始终的是“三社联动”的思维和推动路径。

第五，应嵌入街道社区治理结构，协同社会治理创新。实践表明，街道社区社会组织联合会建设离不开党和政府的重视和支持。要将社区社会组织培育及街道社区社会组织联合会工作纳入街道工作计划和社区建设总体安排之中，使街道社区社会组织联合会建设与社区治理有机融合，引导组织社区社会组织和社区居民积极参与基层社会治理。“社会治理得以成立的前提，是社会的成熟程度——主要是社会组织的成熟程度”①。作为多元共治的协同力量，街道社区社会组织联合会是街道社区多元参与、合作共治关系与结构中的重要一员，可以说，改进社会服务的多元供给与合作模式需要其广泛参与。另外，社区治理不能仅仅让政府部门“唱独角戏”，要从社区组织化程度的角度倡导社区参与。培育社区社会组织的一个重要目的就是要提高社区参与的组织化程度，让居民更有序地参与社区公共事务，提升社区自治意识，实现“自我管理、自我服务”。

（二）讨论

社会组织的成长与成熟是一个漫长而坚实的养成过程，不仅需要系统的、好用的政策支持，也需要持续良好的社会环境和丰厚的生存土壤。李培林通过分析我国社会组织体制的历史背景和改革开放以来我国社会组织体制的变化，提出了不同于单纯通过发展民间组织促

---

① 张翼主编：《社会组织与社会治理》，经济管理出版社2016年版，第5页。

进社会发育的社会组织体系发展框架,主张通过体制内改革和体制外发展双轨驱动来构建我国现代社会组织体制,要超越传统的国家和社会二元对立的思维定式,建立政府、市场、社会相互制衡、合作共赢的组织体制。① 为此,当前需要打破单向从社会组织建设或社区建设角度来认识社区社会组织的已有思维定式,构建“政社互动 + 三社联动”的理论导向和实践模式,从社会结构转型、推动街道机构改革、提高公共服务质量和效率的维度阐释街道社区社会组织联合会的社会价值及其对城市基层社会团结和社会秩序的可能作为。

当然,相对来说,街道社区社会组织联合会的实践时间还不长,其组建形式、运作规范、作用发挥、监督评估等都处在探索完善的过程之中。在进一步深入推进街道社区社会组织联合会的实践进程中,还需要更新理念,凝聚共识,创新实践,对于其所可能具有的社会意涵还需要进一步探讨。如有些部门对街道社区社会组织联合会到底能给基层社会治理带来什么怀有一定疑虑,可能现在得到的一个重要认识是街道社区社会组织联合会是一个“中介”性平台,直接表现为它可以成为社区社会组织承担公益创投“名义”上的承接方。但应该说,这还只是表面认识,其深层的社会价值还需要深入发掘。对此,我们认为,应按照社区治理的理念来认识社区社会组织的价值,进而正视和把握建设枢纽型社区社会组织之于社会组织改革和社会治理创新的意义。对于街道社区社会组织联合会的质疑可能源于缺乏对社区社会组织的正确认识。现实中,有的地方或部门不知道社区社会组织到底能发挥什么作用,也不知道如何引导社区社会组织发展,特别是受传统惯性思维影响,不愿意、不会发动社区社会组织参与社区建设、社区治理。

诚然,一些社区社会组织在现实中表现出了“老”“散”等样态,而

① 李培林:《我国社会组织体制的改革和未来》,《社会》2013 年第 3 期。

且一般还都是备案的,开展的也是些“微公益”“微活动”,但这种“微小”的实践经过自然养成、长期互动,也可能会生长出“善”的行动,鲜活的实践[1]表明,即使是专于“唱歌跳舞”的文化团体也有可能走向维持小区停车秩序、维护小区环境等各种社区治理之中。正如李友梅的研究所指出的:“基层群众自发组织,更需要重新认识,有没有依法注册不是关键问题,重要的是百姓愿意参与,方便参与,也有能力、时间和资源参与,它们有可能从‘自娱自乐’走向‘互帮互助’,进而参与基层公共事务,成为基层社会治理的基础性力量。”[2]可以说,只有认识到了社区社会组织的存在意义,才有可能更加重视街道社区社会组织联合会的建设及其价值,进而认识到街道社区社会组织联合会对基层社会治理创新的积极作为。

另外,相比其他正式注册的社会组织,街道社区社会组织联合会的优势在哪里?它能否成为“伞状联盟”的引擎?如何扩大资源链接与整合的范围?在主要依靠政府资金或者资源投入的基础上,能否向企业或其他社会组织寻求多元化资源支撑?这仍需我们在实践中不断探索和进一步观察。从工作推动层面来讲,政府主导扶持的发展模式有一定优势和现实要求,但未来如何推动街道社区社会组织联合会的可持续性发展或者如何提高其自主性?可能发展“伙伴式”街道社区社会组织联合会将是一种选择。当然,这种“伙伴式”发展之路一定要结合我国国情和城市发展阶段,尊重实践,重视养成,有序推进,它不仅需要自身能力的强大,也需要积极的治理行动,还需要具备一定的条件,比如健康良性的社会组织生态圈;深化街道机制改革的动力;有针对性的规范化制度安排、标准化指标体系、科学化绩效评估等。

---

① 在调研中,我们发现有一些社区社会组织正在从“互益”走向公益,比如 ZY 社区合唱团承担了“家庭平安互动行”项目等。

② 李友梅等:《新时期加强社会组织建设研究》,经济科学出版社 2016 年版,第 7 页。

第五章

案例呈现:典型社区社会组织的发展过程与行动策略

上一章我们讨论、分析、考察了正式注册的枢纽型社区社会组织的地位和培育路径等问题,这一章我们将通过介绍几个典型社区社会组织的基本情况和成长过程,进一步分析社区社会组织面临的制度环境,展现社区社会组织丰富、鲜活的动态实践,阐释其参与社区治理的可能路径,力争通过个案的"深描"来深入认识、理解社区社会组织的生存状态与行为策略。需要说明的是,之所以选择这几个典型个案,主要的考虑有:一是它们目前均在正常运行并发挥作用,是当地的"明星"组织。二是它们的类型各异,从理想型的角度来看,它们均在基层社会治理的不同领域开展活动,其实践行动具有一定的延展性。三是它们的人员构成体现了一定的人群特征,既有以年轻人为主的,也有以老年人为主的;有以退休人群为主的,也有以在职人群为主的。四是它们的发起路径、目的导向、行动逻辑与社会影响均有一定的差异性,由这些差异性及其展开的实践过程所得到的启示,既能够为深入理解"自组织"诸形态提供情境性观照,又能够为今后社区社会组织培育路径提供一定的具有建设性的参考建议。

一　社区社会组织之裁女俱乐部[①]

（一）基本情况

裁女俱乐部是由天津市滨海新区 TD 街道 ZY 社区[②]爱好裁剪缝纫的老年女性居民自发组成的，2018 年初正式在街道备案。截至 2019 年 3 月，裁女俱乐部有核心成员 14 人，平均年龄为 60 岁。目前，该组织每周一下午定期开展相关活动，活动地点在社区居委会活动室（最近该组织又在 ZY 社区第二服务点有了一个相对固定的活动地点），主要活动内容是开展缝纫知识技术学习、做自己喜爱的合体衣服等。一般来说，该组织在冬季寒冷时进行培训学习，天暖时做衣服。除了面对面交流外，组织核心成员有微信群，还有个裁女爱心俱乐部微信大群，以保持组织成员间的日常联系和沟通，比如当准备下周讲课内容时，核心成员要提前沟通好，确定讲课内容和计划后，然后再通过微信大群通知大家。该组织定期组织成员学习，通过学习来提升手艺，初心是想将裁剪手艺传承下去。

裁女俱乐部负责人 Y 女士来自东北，退休后随子女来天津居住生活。Y 女士是一名中共党员，曾做过小学校长、党支部书记，有领导能

---

① 此部分的写作资料主要来源：一是根据笔者 2019 年 3 月 28 日下午开展的访谈所整理的资料；二是参加街道社工微创新活动所搜集的大赛案例“100 件睡衣接力计划项目”等资料；三是当地负责社会组织相关工作人员的访谈资料等，特别感谢 ZY 社区的社工 H 女士所提供的调研帮助。

② 据 ZY 社区微信公众号（2019 年 9 月 25 日）介绍：天津滨海新区 TD 街道 ZY 社区面积 0.907 平方千米，有 18 个小区、3 个酒店式公寓，建筑户数（含底商）5395 户，常住人口 8000 人。ZY 社区包含晓园新村、贻成晓园、翠园别墅、正大别墅、万联别墅、东方名居、万联锦尚、昱泉园、荣鑫园、阳光花园、阳光南园、郑华公寓、美华大厦、晓园街 5 号、中航大厦、润福园、铂雅轩、格调林泉 18 个小区，以及清馨园、索亚万丽酒店公寓、格林园 3 个酒店式公寓。ZY 社区建筑户数（含底商）5395 户，常住人口 8000 人。

力、号召力,更有爱心。她乐观开朗,积极向上,立志传播雷锋精神,播撒学习雷锋的“种子”。据其介绍,她刚来到天津居住不久,就到居住小区所在地的社区居委会报到,毛遂自荐,向居委会负责人介绍自己的经历和特长,表示愿意做社区志愿者,希望参加社区活动,走进社区、服务社区。组织核心成员U女士也是来自外地,她是俱乐部的技术老师,她在20世纪80年代曾跟着专业做衣服的师傅学过缝纫,既有专业学习裁剪缝纫的经历,也有从事服装加工工作方面的经验,因孩子来天津滨海新区工作,就跟过来帮着带孙子,虽然自己不工作了,但裁剪的手艺仍在,对裁剪技艺还有一定的研究。组织核心成员L女士也是俱乐部技术老师,她是国企退休干部,虽然不是专业出身,但喜好做衣服,不仅做得好,而且产量还很高。

(二)组织成长过程:从动机、招募到运行实践

2019年3月28日下午2点,笔者在社区会议室,对该组织的四位核心成员以及该社区的一位社工进行了半结构式访谈。笔者在约定的时间到达社区时,她们已经到了。一进社区会议室,笔者就看到有几卷没有使用的布匹堆放在角落里,她们说这是一位卖布匹的商人免费送给她们的,让大家练手用。这事是由组织负责人Y女士联络沟通的,因为她经常去布匹市场,听说这位卖布的商人特别有爱心,在交往中两人就熟悉了。对方听说她们要给老年人免费做睡衣,也愿意献爱心,所以就将布匹送到社区来,免费供大家用。就访谈的四位组织成员来说,她们都是外地来天津的,也可以说是“流动的老人”,基本上都是因为孩子在这里工作、生活,就跟着子女来天津安家。她们纷纷表示,通过组织活动找到了家的感觉,大家在一起很快乐。

通过访谈深入了解,笔者得知,这个组织最初成立是源于2017年底社工走访调查,发现社区里有很多全职妈妈,为此,想针对这一群体开展

一些活动,其中有人提议要做点手工艺品。面对这一状况,于是,社区就组织了一个名叫“美太太团”的手工兴趣小组,但发展得不温不火。而在社区日常交往中,大家通过慢慢接触后发现,有人会做衣服,有人会改衣服,裁剪这个话题大伙儿都挺感兴趣,有一定的吸引力,对此,社区社工就根据这个情况,有意识地将兴趣小组的活动内容往社区专项发展上进行引导。2018 年初,在社工的组织下,在已有兴趣小组的基础上,由爱好裁剪、缝纫的中老年女性居民发起成立了这个组织,并正式在街道社区备案。最初组织核心成员有五名,其中的一位成员(也是后来的组织负责人)给该组织正式起了名字,叫“裁女俱乐部”,据其本人讲,这个名字也是经过一番考虑和设计的。这个组织的目标主要是聚集裁剪缝纫爱好者进行自我服务,传承手工裁剪衣服的手艺,奉献爱心及做一些社区公益服务。据负责人讲,加入组织的条件一般有两点,一是有爱心,二是热爱缝纫,最好还有一定的研究能力。

有一个背景需要交代,在正式成立裁女俱乐部之前,社区里有位爱心居民①给居委会捐赠了一台缝纫机,这台缝纫机在客观上为裁女俱乐部的成立提供了物质上的便利条件。据负责人介绍,正是看见有缝纫机,她才琢磨着想把这个捐来的物品用好,把爱心放大。因此,一定意义上,社区社工的引导、居民的兴趣爱好、关键人物的出现、社区现有的物质环境,构成了组织生长的最初动因及条件。

组织核心成员有了,如何招募更多成员参与?她们在社区社工的帮助下,通过社区的微信公众号等信息渠道,面向社区发布招募裁剪爱好者以及有关学习缝纫、裁剪衣服等信息,渐渐地吸引了很多爱好者报名加入。正是通过专门的宣传报道,更多居民知晓了社区有组织要开展这样的活动。怎么筹集活动开展所需要的材料?据了解,材料

① 据了解,这位居民刚来天津工作时,因出了车祸,得到政府、社会各界的帮助,对此他特别感动,身体恢复后,他积极回馈社会、社区,积极献爱心、捐钱、做善事。

的来源是多方面的,有组织成员自带的(包括将家中闲置布料拿来的、将没有穿过的成衣送来的等不同的自带方式,针线、尺子等一般都是由成员自己准备)、有爱心居民捐赠的、有社区提供的等,一定程度上,这些材料的多方来源保障了组织活动的正常开展。

在组织成长过程中,社区社工给予了恰当指引,特别是方向的把握,一定意义上,这个组织是在社工根据居民自身需求而有意引导培育下成长起来的,它与社区有着天然的亲近感。正如组织负责人所言,她们离不开社区,是社区支持才能让她们的活动开展得有滋有味,社区与她们是密不可分的。当然,她们也有自己的独立性,她们能够自己决定组织的活动以及相关事项,如吸纳组织成员等,在制定教学计划方面,也能够按照自己的意图制订教学计划。这个组织的日常安排,一般是由核心组织成员定期研究,大家分工较为明确,比如发送消息、讲授裁剪知识等都有专门负责的人员来安排。

(三)街道公益微创新项目助推组织发展

2018 年 4 月,裁女俱乐部所在的街道组织举办社工微创新大赛。这个大赛以社工为主体、以项目为载体来开展社区治理微创新各类实践活动。借助街道举行社工微创新大赛的机会和契机,社区社工就以这个组织为依托,设计开展为高龄、空巢、行动不便的老人(80 岁以上)做爱心睡衣的活动,项目的名称叫“100 件睡衣接力计划”。之所以设计这个项目,据负责此项目的社工 H 女士介绍,一方面是根据民意征集居民反映突出的问题,如有居民提出“好多老邻居搬走了,新搬来的居民都不认识,邻里之间不来往,越来越生疏”;另一方面是考虑到这个组织的发展基础及现状,围绕邻里关系重建设计项目,利用这个项目把社区爱好缝纫的居民聚起来,把社区由低龄老人向高龄老人服务的爱心连起来,把社区队伍的服务与居民需要对接的渠道挖出来。

做这么多睡衣,仅靠组织最初的几个人是有难度的;裁女俱乐部的成员也想看看能不能通过做睡衣这件事扩大一下组织的影响和组织规模。为此,该组织的核心成员和社工在微信朋友圈、社区微信公众号等渠道发消息,招募人手,说明要在社区开展为老人免费做爱心睡衣活动的相关情况,通过这些渠道吸引和召集了一些人手。当然,在组织活动过程中,也确实发现了人才,也有一些居民认同组织理念并加入了组织。在访谈时笔者了解到,现在除了组织成员,一般参加活动的有五十多人,活动影响范围超出了本社区,附近社区的居民也有慕名来参加活动的。

此外,开展项目除了有人来做还不够,还需要原材料、必要设备和一定的资金。笔者通过调研了解到,"100 件睡衣接力计划"申请了街道微创新活动经费两千元,但这些费用做一百件睡衣是不够的。在项目实施过程中,她们将申请的活动经费主要用于购买工具(如包缝机)、宣传等方面,而对于做睡衣所需要的耗材原料,她们的做法是先买一点,主要目的是先启动项目。后来,社工又帮着引入驻区单位资源,主要是社区周边的银行资源。据了解,这几家银行与社区有着长期的联系,有时银行为了扩大自身影响以及承担社会责任,也有意愿给社区提供一定的资助。银行一般是将物品变现进行捐助,这些物品有的是银行用不完的、原本打算送客户的小礼品,也有的是银行开展党建活动时由党员捐的闲置物品等。银行可以将这些物品拿到当地跳蚤市场①上进行义卖,这个跳蚤市场在当地已经举办很多年了,有一定的社会影响力,由当地的社工机构(TD 社会服务中心)组织义卖,一般是在当地体育场举行。跳蚤市场规定不能卖新东西和做广告,主要是做闲置物品交易,如家具、书刊、日用品等,但对于义卖会放宽一定的条件,有的银行就将义卖所得资金定向捐给社区做公益。简言之,

---

① 该跳蚤市场在当地有一定知名度,时间、地点都较为固定。

这个项目除街道微创新活动资助的资金外,还有几家银行通过跳蚤市场的义卖所得资金,这为项目顺利开展提供了资金保障,更为组织自身成长发展提供了一定物质支持。另外,因为商户免费送来的布匹不适合做睡衣,她们打算做成其他衣服,然后进行义卖,卖的钱再用于买适合做睡衣的布料。

做出来的睡衣具体送给谁?或者说,怎么选择受益对象?笔者通过调研了解到,在选择项目受益对象上,前期主要是通过社工社区走访调查来选择确定符合条件的老人,同时,社工还发动楼门长积极参与,通过小区楼门长具体联系和确定服务对象,也包括让楼门长将做好的衣服送给受益居民,目的之一是增进楼门长与受益居民间的联系与沟通。据介绍,在项目周期内,裁女俱乐部共在社区开展了 5 场集体行动,派送了 59 件睡衣,160 余人次参与活动。此外,她们还借助跳蚤市场开展义卖活动,筹集资金 700 多元,这些资金用于购买原材料。更让她们感到惊喜的是,她们还承接了社区演出队伍的服装以及装饰品的制作。

通过项目的实施,裁女俱乐部不仅提高了自身发展能力,而且也锻炼了队伍、凝聚了人心、激发了活力。在访谈中,她们还讲到了组织成员献爱心的感人事例,如该组织有位成员给大伙儿免费做内衣,还有位成员自己出钱,给社区活动团队做演出衣服等。她们表示,通过这个项目,她们奉献了爱心,也成就了自己,感受到了更多的生活乐趣,有了更多的幸福感。有的成员表示,自己做衣服穿,想做什么样子的就做什么样子的,穿自己做的衣服更时尚。在访谈中,我们还了解到,她们将裁剪下来的边角料收集起来,缝制沙包。她们说:“当衣服做完时,副产品沙包也就做好了,这样不浪费,之后可以找机会,将沙包送给社区附近的幼儿园或小学等有需求的地方。”正如她们自己所说的那样,大伙儿利用一切机会传递爱心。当谈到组织下一步打算时,受访的成员纷纷表示,自己将不忘初心,继续献爱心,让爱流涌动。同时,受访的社工也表示,社区将要“推一把”该组织,想以这个组织为基础打造社区品牌。

(四)几点启示

1. 要充分发掘社区能人

对于社区社会组织发展而言,具有社区能人特点的带头人或负责人的选择非常重要。负责人要有奉献精神、有爱心,还要具备一定的领导力和人格魅力。以裁女俱乐部来说,该组织负责人Y女士是一位积极向上、具有奉献精神的乐观老人,也有着丰富的工作经历。在访谈中,Y女士旁边坐着的一位老人主动说:“我就是看上了她这个有正能量的人,所以什么事情我都跟着她一起做,她多才多艺、爱好广泛,她第一次进社区,我就‘看上’她了。”因此,对于社区社会组织培育发展而言,一个重要的方面就是抓住社区能人这个关键要素。特别是在城市社区,低龄的、刚退休的、有一定管理工作经验的老人,要着重调动其参与社区活动的积极性和主动性,创造环境和条件让其认领、创办适合社区需要的各类社区社会组织。

2. 要注重发挥社工的专业优势

现代社区治理越来越需要社工的专业技术能力。在实践中,不仅要充分发挥社工了解社区、熟悉居民的优势,也要注重发挥社工的专业优势,用专业方法引导社区社会组织成长。应该说,裁女俱乐部的成长离不开社区社工的有意引导,而如何将社工的提议或主意转换为社区认同、组织认同,离不开一些专业社区工作方法的恰当应用。比如,社工如何做到恰当参与又不具体决定组织事务?据社工自己讲,主要是“坚持参与式服务,不断激发组织成员的热情和潜能”,这样既能满足居民需求、调节邻里关系,又能够对组织进行培育、对居民个体进行赋能。因此,在培育发展社区社会组织的具体实践中,要充分发挥社工的专业优势,这包括整合资源、链接多方参与社区共建,如本案例中的银行资源引入;项目活动理念的设计与推广,如本案例中让低龄老人帮助高龄老人以此实现接力帮助,等等。从另一个角度来看,对于社工而言,做好特定群体或社区群众工作也是需要多种方式方法共同发挥作用,更需要适时更新、创新工作方法。如面对社区里"全职妈妈"多、老年女性多的现状,从做好社区妇女工作角度,也需要有个工作抓手助推这方面工作有序开展,而通过培育发展社区社会组织来关注社区群众心理健康、社区邻里关系等社区事务,这也是创新工作方法、提高社区治理能力的积极尝试。

3. 要注重引导自娱自乐组织向公益慈善组织发展

当下社区治理亟须社区多元主体的广泛参与,以此实现基层社会治理共建共治共享。社区社会组织是城市社区多元主体的重要一员,如何发挥好社区社会组织的能动性是提升社区治理水平的重要考量。实践表明,即使是自娱自乐的社区社会组织也有走向治理的可能,对于从事社区工作的社工而言,要尤其注重做好引导工作。在本案例中,我们发现,裁女俱乐部正在由自娱自乐的自益性组织走向公益慈善组织。比如该组织以街道微创新"100 件睡衣接力计划"项目为依托,以本社区为平台所开展的扶老助困服务就可以说是尝试走向公益慈善的努力。而据 ZY 社区微信公众号报道①可知,ZY 社区裁女爱心俱乐部"扶老助困服务站"揭牌活动在社区党群服务中心第二服务点成功举行,这也恰恰说明了该组织在走向公益发展上又迈出了坚实一步。

4. 要建构伙伴式社区关系

实现社区治理结构的动态平衡以及多元主体间的有效互动,建设伙伴式社区关系显得尤为重要。具体来说,实现社区党组织、居委会

① ZY 社区微信公众号(2019 年 10 月 29 日)。

与社区社会组织的有效沟通,需要建立一种长效的沟通机制,而这种沟通机制的建立要以伙伴式社区关系为基础。就本案例来说,“爱心睡衣”不仅满足社区社会组织开展活动的需求,也传递了正能量,温暖了邻里亲情,重构了伙伴式社区关系。如在服务对象的精准选择上,他们有意通过社区社工让楼门长联系服务对象,尽量让社区更多主体一起参与项目活动,这客观上进一步促进了社区多种关系的有效建立与互构。此外,如何实现组织意识和社区意识的有机融合,也是培育发展社区社会组织工作必然面对的现实问题。在访谈中,笔者询问组织负责人:“您是怎么看待做爱心睡衣这件事情的呢?比如说,这件事是代表社区干的还是组织自己干的呢?”她说:“我是这么想的,社区和我们不能分家,社区给我们提供了强大支持和坚强后盾,组织才能良好地发展下去,比如社区提供地点、资源等。再有,我们要给老人送衣服,但是却不知道谁家有适合的老人。再说,没有社区,谁能相信我们呢?我们和社区是密不可分的。”

二　社区社会组织之新兴街社区服务志愿者协会[①]

(一)基本情况

天津市和平区新兴街社区服务志愿者协会成立于1989年3月18日,是我国第一个社区志愿者组织。1991年12月,该协会在区民政局社团管理办公室进行社会团体法人登记。2009年3月13日,民政部

① 此部分的写作所用资料主要来自新兴街社区服务志愿者协会所提供的内部汇报资料、《奉献之歌——和平区社区志愿服务30年》以及调研所得资料等。

专门给天津市民政局发函，确认天津市和平区新兴街为“全国第一个社区志愿者组织发祥地”。近年来，新兴街社区服务志愿者协会在以往工作经验基础上不断创新实践，在志愿者数量、规范化管理、项目化发展等方面取得了新的成绩。截至 2017 年末，新兴街注册志愿者超过 1.6 万人，录入服务时间 74 万余小时，特色志愿服务项目已达 24 个。[①] 据了解，截至 2019 年 10 月，新兴街社区服务志愿者协会有注册志愿者 2.03 万人，下辖 11 个社区志愿者协会分会，下属注册志愿服务团队 150 支，全街在运行志愿服务项目 127 个。[②] 新兴街社区服务志愿者协会的服务理念是“一切依靠群众，一切为了群众”[③]，主要职责是协调统筹全街社区志愿服务工作有序开展。新兴街社区服务志愿者协会有规范制度安排，如组织章程、工作制度等；成立了理事会，定期组织开会，如召开新兴街社区服务志愿者协会 2020 年第一次理事会[④]；有年度工作总结和下一年工作计划等。新兴街社区服务志愿者协会有专职社工负责日常工作，也有必要的办公室场所和办公设施。

新兴街道辖区内各社区都成立了志愿者分会，如朝阳里社区志愿者分会[⑤]。从某种意义上讲，正是因为先有朝阳里社区 13 名党员、积极分子组成服务小组对该社区内 13 户困难家庭开展义务帮扶活动，才有后来的新兴街社区服务志愿者协会以及“全国第一个社区志愿者

---

① 《和平年鉴 2018》。

② 新兴街社区服务志愿者协会提供资料。

③ 参见《和平区社会组织手册（2018 年版）》。

④ 筑梦新兴微信公众号，2020 年 1 月 20 日。

⑤ 1989 年，新兴街志愿者协会朝阳里社区志愿者分会正式成立。朝阳里社区位于天津市和平区西南部，占地 0.16 平方千米，常住居民 2300 余户、6000 多人，现有楼门 165 个，辖区单位 156 余家。该分会的业务服务内容由邻里之间的互帮互助、解决柴米油盐生活琐事、照应老人孩子等大小事情发展为涵盖社区科教、文化、体育、卫生、治安、再就业、环境建设、便民服务、为老服务、扶残助困服务、心理调适 11 个系列，服务对象由社区困难家庭、弱势群体拓展为面向全体居民和周边群众。（参见中国志愿服务联合会网站，http://www.cvf.org.cn/index.php id = 3274&tpl = content_info）

组织发祥地”的美誉。各分会与街道协会保持密切联系,也可以根据自身实际,开展具有社区特色、符合社区需求的具体志愿服务实践活动。以朝阳里社区志愿者分会为例,该分会目前运行正常,组织结构较为健全,有会长、秘书长及理事,下设学雷锋志愿服务站。该服务站的工作流程主要是:采集需求设计项目、发布信息招募注册、组织培训加强管理、开展活动提供服务、建立台账做好记录、激励嘉许适度回馈。[①] 通过这些规范化安排,该分会的志愿活动实践能够有序开展,并不断创新、与时俱进。朝阳里社区分会的常规志愿服务项目主要有:头脑风暴智囊团(头脑风暴智囊团由 1997 年组建成的理论学习小组转型而成,内有多名老干部和老志愿者共商朝阳里社区志愿服务项目,为社区志愿服务献计献策)、义务婚介、义务理发、义务清扫、义务家教、“金葵花”快乐营地、心目影院(心目影院从 2015 年成立至今共开展 10 余次活动,社区志愿者为社区 450 余名居民和残疾人讲解影片)、扶危济困基金(扶危济困基金于 2012 年由社区志愿者筹建而成,主要目的是帮助社区孤老病残群体以及发生临时性困难的家庭)、爱心超市、社区巡逻队、护绿环保小分队。[②]

新兴街社区服务志愿者协会所在地天津市和平区新兴街有着浓厚的志愿服务氛围,形成了独具特色的志愿服务文化。他们 30 余年来持续推动志愿服务工作,积极探索社区志愿服务机制创新,取得了良好的社会声誉和实践成效。民政部确认“全国第一个社区志愿者组织发祥地”,这既是对过去志愿服务实践的肯定,也是对进一步发挥志愿服务示范性作用的期许。从一定程度上来看,和平区新兴街社区志愿服务发展历程是中国社区志愿服务发展的典型写照,可以说,它见证了中国社区志愿服务的成长过程。特别是 2019 年 1 月 17 日,习近

---

① 社区展板资料。

② 参见《天津市和平区新兴街朝阳里社区志愿服务简介》(朝阳里社区居委会)。

平总书记来到和平区新兴街朝阳里社区。“习近平为社区志愿者们点赞,称赞他们是为社会做出贡献的前行者、引领者。习近平强调,志愿者事业要同‘两个一百年’奋斗目标、同建设社会主义现代化国家同行。志愿服务是社会文明进步的重要标志,是广大志愿者奉献爱心的重要渠道。各级党委和政府要为志愿服务搭建更多平台,更好发挥志愿服务在社会治理中的积极作用。”①习近平总书记的重要指示精神为新时代志愿服务发展提供了根本遵循,也为和平区志愿服务发展指明了方向和路径。2019 年 5 月,和平区被确定为“民政部贯彻落实习近平总书记关于志愿服务重要指示工作联系点”。一定意义上,可以说,和平区志愿服务事业又迈入新的阶段、开启新的征程。

新兴街在志愿服务方面所取得的成绩离不开和平区经济社会发展环境的有力支撑。和平区是天津市的中心城区之一,是全市金融、商贸、教育和医疗卫生中心,面积 9.98 平方千米,常住人口 35.07 万,户籍人口 42.02 万,有 6 个街道办事处,分别为小白楼街、新兴街、五大道街、南市街、南营门街、劝业场街。② 和平区在民政事业方面所取得的成就较为显著,一些工作走在了全国前列,如特色楼门建设、社会组织发展以及社区志愿服务等实践在全国都有一定知名度和影响力,尤其是社区志愿服务已成为和平区的重要工作亮点和亮丽名片。整体来看,和平区社区志愿服务活动实践形式多样、内容丰富、影响广泛而深远,志愿服务蔚然成风,志愿服务文化深入人心。目前,和平区注册志愿者 11.6 万人,志愿服务项目 2201 个,志愿服务时长 1119 万小时。③ 和平区以社区志愿服务为重要抓手,将志愿服务融入精神文明

---

① 《习近平为志愿者点赞:你们所做的事业会载入史册》,新华网,http://www.xinhuanet.com/2019-01/18/c_1124009449.htm。

② 参见天津市和平区人民政府网,http://www.tjhp.gov.cn/tjhp/hpgk/2019-03/14/content_zflddb99c57741dbbbocb2926358a707.shtml.

③ 参见天津市和平区社区志愿服务展馆展示材料,2020 年 1 月 17 日。

建设、基层社会治理创新实践之中,统筹规划,科学管理,通过健全志愿服务管理机构、完善志愿服务机制,志愿服务各个方面、诸多环节都取得了一定成效。和平区在常态性志愿服务活动、重要节假日和纪念日等时间节点所开展的志愿服务基础上,还围绕全区中心工作创造性地开展志愿服务,某种程度上,该区诸多方面的工作都能看到志愿服务的"印记"。另外,和平区还积极探索健全志愿服务体系的有效路径,完善志愿服务政策,推动志愿服务项目化发展、专业化运行,不断加大志愿服务资金投入,为志愿服务提供坚强保障。如搭建服务保障平台,将志愿服务工作经费纳入区级财政预算,设立 600 万元志愿服务专项经费,支持志愿服务创新发展。① 和平区大力推进志愿服务制度化发展,不断完善创新志愿服务相关机制。如强化活动机制,将 1 月 17 日确定为"和平区新时代文明实践志愿服务日",以此引领并带动全区志愿者开展志愿服务活动制度化、常态化。②

(二)志愿服务实践的积极探索及成效

新兴街社区服务志愿者协会不仅开展经常性、常态化志愿活动,而且努力推进社区志愿服务制度化、可持续发展,积极探索建构志愿服务运行的长效机制,如项目管理机制、服务互动机制、整合协调机制、党员奉献机制、激励回报机制等。③ 早期,他们开展的志愿服务活动形式主要有四种:双向服务(如退休职工于某家中只有母女两人,重活没人干;邻居王某是双职工,小孩无人照看。经居委会"搭桥",双方

---

① 陈绍旺:《牢记嘱托 传承创新 打造新时代全域志愿服务新模式》,精神文明导刊微信公众号,2020 年 1 月 19 日。

② 陈绍旺:《牢记嘱托 传承创新 打造新时代全域志愿服务新模式》,精神文明导刊微信公众号,2020 年 1 月 19 日。

③ 参见《和平区社会组织手册》(2018 年版)。以党员奉献机制为例,它是指在志愿服务活动中,以"三认"(认岗、认亲、认难题)活动为载体,通过党员带头奉献,达到以先进性促进广泛性的目的。

取长补短，各得其所）、单向服务、协同包产服务、设点便民服务。[1] 目前，他们的服务形式已发展到八种：单向服务、双向服务、协同包户服务、设点服务、挂牌服务、网络服务、集中服务、特别服务。[2] 据了解，新兴街自2010年起，将每年的3月18日设立为社区志愿者节。

新兴街社区服务志愿者协会积极创新实践，不断拓展志愿服务实践领域，推动志愿服务项目化发展，项目化实践效果比较显著。如新兴街社区服务志愿者协会开展的“爱心助空巢志愿服务”项目，志愿者与空巢困难老人结成对子，提供“早看窗帘晚看灯”和照料陪伴等服务；开展“关爱老雷锋志愿服务”项目，为需要的人送温暖；开展“关爱流动花朵志愿服务”项目，对未成年人开展教育活动等。[3] 新兴街社区服务志愿者协会还建立了激励回馈制度，以常态化激励回馈奉献者。新兴街社区服务志愿者协会在一些重要节日开展慰问活动，如春节，对于一些优秀志愿者、“老雷锋”等进行走访慰问。此外，新兴街社区服务志愿者协会还开展了对困难志愿者帮扶、宣传优秀志愿者先进事迹、志愿服务评比表彰活动等。

新兴街社区服务志愿者协会多年来持续不断地开展志愿服务活动、弘扬志愿服务精神，整个街道区域内形成了“人人争当志愿者、人人争做志愿服务”的良好氛围。在此氛围影响下，新兴街道涌现出一些志愿服务精神的典型践行者，如“阳光奶奶”吕文霞、“钥匙阿姨”兰长艳等。“阳光奶奶”吕文霞退休后陆续组建晨练队、晚练队、合唱队等十一个文化团队，她不仅自己二十多年坚持做志愿者，还带领她的团队成立了“阳光奶奶志愿服务队”，冬天他们是扫雪队，夏天是护绿队；参加治安工作，他们就是巡逻队；迎奥运期间，他们就是文明督导

① 英达：《我国第一个居民社区服务志愿者协会诞生》，《社会》1991年第3期。

② 新兴街社区服务志愿者协会提供资料。

③ 参见《和平区社会组织手册（2018年版）》。

队;各大节日期间,他们是演出队……[1]如今的"阳光奶奶志愿服务队"把自己的服务项目扎根于基层,每天在中环线街心花园晨练结束后,他们都会主动完成保洁工作;每到祭扫时节,总能看到几位老年志愿者举着牌子,引导市民移风易俗;在公交车站疏导交通,倡导老年人错峰出行……[2]"钥匙阿姨"兰长艳退休后回到社区当楼长,平日里,无论是楼里哪家出差、旅游、临时有事需要照应,就会把自家钥匙留给她,邻居居民都把她看成自家人。在居委会的大力支持下,兰长艳牵头组织了老年活动小组,每周开展两次唱红歌、茶话会、聊天等文娱活动。[3] 总的来看,新兴街在这些典型志愿者的带动下,志愿服务实践开展得有滋有味,各种"志愿故事"广为流传,"有爱心学志愿者、有能力做志愿者、有时间当志愿者"已成为一种时尚的生活方式。

笔者通过调研了解到,新兴街每年都开展"万户问卷调查",广泛向社区居民征求意见,了解社区居民各种需求,努力满足社区居民多样化需求,不断提高志愿服务的精准性,以精准化志愿服务对接百姓需求,实现志愿服务内容与居民需求相契合。在实践中,新兴街社区服务志愿者协会主动融入城市基层社会治理,通过志愿服务实践助力街道治理能力提升。如在2020年,新兴街社区服务志愿者协会紧紧围绕新兴街道重点工作,开展过好一个志愿者节、探索一套志愿服务机制、打造一批志愿服务项目、培养一批志愿服务典型的"四个一"社区志愿服务工作,用社区志愿服务工作持续助力推动社会环境、社会文明、社会治理的现代化发展。[4] 整体来看,新兴街社区服务志愿者协

---

① 《热爱志愿服务 享受奉献快乐——记"阳光奶奶"吕文霞》,《和平志愿者》第18期(2019年5月)。

② 《全国优秀志愿者吕文霞:志愿服务变日常 人人能付出》,北方网,2018年12月4日,http://news.enorth.com.cn/system/2018/12/04/036477452.shtml。

③ 《让志愿服务更有温度——温暖人心的"钥匙阿姨"兰长艳》,《和平志愿者》总第18期(2019年5月)。

④ 筑梦新兴微信公众号,2020年1月20日。

会以社区志愿服务实践助力社区治理创新、精神文明建设以及街道中心工作的有效开展,具有一定的治理价值。如今的新兴街社区服务志愿者协会已成为街道社会建设不可或缺的重要协同力量。

(三)几点启示

1. 尊重基层首创精神

新兴街社区服务志愿者协会的成立与成长过程,说明在基层社会治理中要紧紧依靠群众、发动群众,及时总结基层好的经验和做法,适时将其复制和推广,而且还要通过政策研制将其巩固下来、形成制度。三十多年前,朝阳里社区十三人的壮举,得到了新兴街道的重视、认可,并将其做法推广到全街道的所有社区,让当年"义务帮扶"的"星星之火"发展到如今志愿服务的"燎原之势"。可以说,这种"义务帮扶"的本土做法,为中国特色志愿服务的形成与发展注入了新的价值与实践元素。新兴街社区服务志愿者协会的实践表明,这种具有本土元素的志愿服务,伴随着社区服务、社区建设与社区治理发展的历程及各个阶段与环节的实践,已成为当下城市基层社会治理创新的重要变量,而且这种变量还在不断生发各种正能量,为基层社会秩序重建和活力激发贡献力量。

2. 健全社区志愿服务体系

在本案例中,我们看到,从区级、街道到社区层面均有志愿服务制度的相关安排,如有管理机构、有各级社区志愿服务协会组织、有专门的工作人员、有物质保障支撑志愿服务发展,这样该街道志愿服务才可能有序开展并产生积极广泛的社会影响力。为此,在推动社区志愿服务实践中,要高度重视社区志愿服务体系建设,不断完善社区志愿服务体制机制,健全社区志愿服务制度。从城市基层志愿服务实践来看,更要充分发挥街道志愿服务组织的积极作用,使其聚焦主责、主业，发挥其引领街道层面志愿服务实践健康发展、联络协调各社区志愿服务组织等功能。一定程度上，街道层面志愿服务组织是积极推动基层志愿服务健康发展的关键环节。因此，在实践中，要不断健全街道志愿服务组织治理结构，提高街道志愿服务组织治理能力和水平，规避志愿服务“行政化”倾向，加强志愿服务组织专职化、专业化建设。

3. 充分发挥街道推动社区志愿服务发展的主动性

社区志愿服务的良性发展，离不开属地基层党委政府的支持与引导。以新兴街社区服务志愿者协会为例，街道书记、主任都非常重视志愿服务工作，他们亲自参加一些重要志愿服务的会议、慰问、表彰等活动，而且街道还将志愿服务工作纳入全年工作安排当中，统筹指导，科学规划，各个职能科室也相应投入力量、整合资源支持志愿服务实践，各社区书记、主任也积极将志愿服务作为社区建设和社区治理工作的重点。因此，推动当下社区志愿服务实践的良性发展，需要发挥好街道层面的领导、引领作用，在此基础上，充分调动社会力量积极参与，引导社区志愿服务组织充分发挥自主性，形成有利于街道志愿服务发展的良好社会环境和社会氛围。

三　社区社会组织之“CHQ——群养之家”①

（一）基本情况

“CHQ——群养之家”创于2013年12月，备案在天津市滨海新区TD街道FR社区，备案时间是2015年6月。“CHQ——群养之家”的

① 此部分的写作所用资料主要来自天津市社会组织管理局相关部门提供的汇报材料、该组织的微信公众号、视频资料、公益创新项目资料等。在此特别感谢组织负责人L女士提供的帮助。

创立者和参与者主要是一些年轻的家长们。该组织主要致力于家庭教育实践,为孩子们营造一个“群养”的环境,同时也为广大家长朋友们搭建一个共同成长的平台。[①] 简言之,该组织创立的主要目的是孩子的性格培养、素质教育和综合能力的提升。[②] “CHQ——群养之家”的主要活动是开展家庭自助群养实践,如开展亲子故事会、亲子朗读会、家长互助成长分享会以及各种有益的家庭活动等。组织的活动时间一般选择在周末等非工作日。参加活动的家长因平时要工作,因此他们大部分人是利用业余时间,志愿参加组织的各种活动。目前,“CHQ——群养之家”有着比较稳定的志愿者队伍,核心志愿者有九人(其中有七人是党员),经常参加志愿活动的大约有二十人。志愿者分工较为明确,配合默契,保证了组织各种活动能够有条不紊地开展。“CHQ——群养之家”活动地点有多处,一般是根据活动规模需求而选定地点,如泰达街、生态城等地的社区服务活动中心等。据了解,早期他们曾在一个咖啡馆开展活动,后来逐步拓展活动空间,各活动地点一般是免费的。经过几年的发展,目前已经有千余个家庭走进“群养之家”,开展公益活动五百期左右,各种活动安排都在有序进行。[③] 该组织比较注重理念传播、自我宣传,在 2014 年时就建立了微信公众号,与当地媒体也有着良好的沟通联系。

“CHQ——群养之家”的创始人 L 女士(孩子们称她为朱古力阿姨)是一位外企高级经理。她热衷于家庭教育的研究与实践,不仅阅读家庭教育方面的书籍、学习有关家庭教育理论,而且也在不断探索家庭教育实践上的有效方式。“CHQ——群养之家”之所以能够成立并正常运行,离不开她的付出和智慧,更离不开她个人较强的社会交

① 参见 CHQ 微信公众号。

② 该组织的报送材料。

③ 该组织的报送材料。

往、资源整合能力。作为家长,她对如何培养孩子成长、做称职妈妈有疑惑和渴望,所以她不断去学习,去研究家庭教育,去积极探索实践。

(二)组织创立及运行实践

"CHQ——群养之家"创建的一个重要缘由是创始人对家庭教育的自我反思,她发现有些书本的知识或理论不能完全满足自身家庭教育的需要。于是,她有了一个想法,"把年龄相仿的孩子放在一起'群养'"①。之后,她将这个想法变为现实。最初是将几个家庭的孩子和家长聚在一个咖啡店里,一起开展讲故事等活动,这些活动慢慢地得到了更多家庭的认同,吸引了更多家庭的参与,参加过该组织活动的家庭由几个变为几十个、上百个到如今的千余个,活动地点也由一个变为多个。参加的人由最初的熟人朋友、同事到很多慕名而来的家长,随着影响的扩大,该组织的活动方式、初衷愿景、社会效果也得到当地政府相关部门以及有关社区、社会组织等多方面的重视,媒体多次报道该组织的事迹,创始人也被邀请参加当地社会治理创新会议汇报、电视演讲等。

为什么这个组织的名称与彩虹有关?创始人在一次周年庆典上说:"每一个孩子都是一种美丽的颜色,当所有孩子聚在一起的时候,他们就变成了彩虹,这就是我们要群养孩子的意义所在。桥是沟通,是交流,是联络,是'有困难我们在一起',彩虹像桥一样,凝聚的不仅有孩子,还有家长、很多机构,还有社会方方面面的人。"

该组织主要是通过开展各种亲子实践活动来联络、沟通、互动的,大家以讲故事、画画、才艺表演等不同形式来锻炼孩子的表达、融入集体等方面的能力。比如亲子朗诵会,一般都会让"孩子们一起发放专用身份证('CHQ——群养之家'标志贴),培养仪式感";"孩子们在这

---

① 组织创始人汇报材料。

里学规则,学互助,学竞争,学处理矛盾,学感受别人的感受……这就是群养的魅力,有尊重,有自律,有分享";"群养之后,孩子们懂规则、知边界"①。该组织的各种活动一般是由主要负责人和核心志愿者们自己策划和实施的,活动形式和内容比较多样,而且也在不断翻新、拓展,如在原有活动基础上,还开展过运动会、音乐会、亲子公益行等,当然,活动的各个环节、节奏把握等也由家长、志愿者们分工负责、团结协作、共同推进。该组织也会招募义工,在该组织的微信公众号上,我们看到,招募义工公告中有这样的表述:"汇聚所有乐于奉献的爸爸、妈妈和宝宝们,让我们一起做彩虹义工、义卖、敬老、助残、国学教育……"在义工招募上也有具体的分类,如"核心义工""财务义工""支持义工""普通义工"②。总的来看,该组织的各种实践由参与者自我组织、自我管理,很多活动体现了知识性和积极向上的品味追求。

一定程度上,这种自我教育、自我服务的方式与一般家庭教育方式有所不同,参与者从中得到的感受和收获也不一样。如一位志愿者妈妈所言:"也许我们不能给孩子留下很多物质财富,也不能像老师一样给孩子留下很多的专业知识,但作为父母的我们,除了给孩子无条件的爱之外,最好的礼物,我想就是让他们的童年拥有有趣的经历。"③在组织开展的多种活动中,除了活动内容本身所得的获得感外,参与者也从活动中收获了许多,这些收获或来自心理,或来自对教育的反思等,如像该组织微信公众号上所写的那样,"我们讲的不仅是故事,更是有关生活、有关美、有关爱和教育的分享"④。可以说,这种"群养"的教育方式有一定的建构性和延展性。

在当前家庭小型化的情境下,如何锻炼孩子的沟通、相处等能力?

---

① CHQ 微信公众号,2019 年 11 月 28 日。
② CHQ 微信公众号,2015 年 6 月 18 日。
③ CHQ 微信公众号,2019 年 11 月 10 日。
④ CHQ 微信公众号,2019 年 12 月 8 日。

如何当好父母？如何开展符合自己家庭状况的家庭教育？这些实际的现实需要越来越成为社会关注的热点，当然，一些家庭、教育机构等也都在用自己的方式尝试回应上述议题。“CHQ——群养之家”作为一种较为独特的社会力量也通过他们开展的群养实践，身体力行，尝试回答、探索、应对上述议题的另一种可能路径。通过实践“试验”，他们在一次次的活动中，看到孩子们得到了多种能力的锻炼、交到了朋友。作为家长，他们也获得了属于自己、符合自己家庭实际的知识和感悟，一些家长从不同角度感受到了孩子们这样或那样的变化，如有的孩子由不爱在众人面前说话、较为腼腆到敢于在很多人面前表达，有的孩子懂得了谦让、帮助他人、站在不同角度思考，等等。另外，家长们通过分享、互相帮助，也学会了怎么更好地跟孩子相处、一起学习成长，从这个角度看，家长也从这些实践活动中受到了教育，这也可以说是另一种的自我教育、自我提升的实践。比如，该组织定期开展家长“成长分享会”活动，参与活动的家长将自己在家庭教育实践中的收获、心得进行分享，一位家长分享时是这样说的：“从无话可说到滔滔不绝，从停留在问题表象到能剖析到更深一层，从以为全世界只有自己家的孩子最闹心到看到更多家庭，所有的一切，都是成长！”①一定程度上，这些实践及其过程，是一些热爱学习、积极向上的家长们对于家庭教育真谛的反思，也是教育实践的一种有益尝试。在调研中笔者了解到，参与活动的家长们认为，在当前的家庭教育中，父亲的角色不能缺位，要重视家庭教育各角色的回归复位。

“CHQ——群养之家”的顺利运行，除了组织自身的自治能力、活动内容和形式具有吸引力以及作为志愿者的家长们的密切配合外，也离不开TD街道社区对发展社区社会组织的重视及区域人文环境的重要影响。近年来，TD街道社区通过多种方式手段，开展引领和培育社

---

① CHQ微信公众号，2017年6月22日。

区社会组织实践，形成并积累了一些推动创新社区治理的成功经验。在调研中笔者了解到，街领导和社区社工适时引导该组织成长、发展，创造条件对组织进行备案，使其纳入规范管理和服务之中。特别是在该组织社会影响不断扩大的进程中，随着更多家庭的参与，场地有限、资金缺少等困难也随之而来，面对这种情境，TD 街道社区的重视、助力和支持就显得尤为可贵。

据了解，作为该街道具有枢纽型社区社会组织特征的社会组织——TD 社会服务中心也积极参与引领"CHQ——群养之家"成长、发展。笔者在与 TD 社会服务中心负责人的访谈中了解到，她多次跟"CHQ——群养之家"创始人聊过组织的成长、管理以及风险把控等问题。比如，"CHQ——群养之家"的创始人以及核心骨干成员都有各自的工作，大家都是在业余时间来组织活动，但随着活动规模的扩大，特别是有些活动已远远超出单个社区地域范围时，如何确保组织活动正常、安全、有效开展就成为该组织面临的一个难题。在调研中我们了解到，TD 社会服务中心创造一些条件，按照"以社育社"的方式和手段陪伴其成长。比如通过"组团"的方式让其参加滨海新区公益创投项目、参加街道公益微创新等活动，从中使该组织不仅获得了活动资源、场地、资金等方面的支持，还拓展了组织活动的种类，同时也锻炼了组织的自我服务、自我管理能力，当然，这也为组织知名度和影响力的扩大提供了空间和有利条件。

以"CHQ——群养之家"参加的 2016 年天津经济技术开发区公益创投项目为例，这个项目实施地域为开发区九个社区，计划培养彩虹桥会员两千名，覆盖九个社区的居民家庭。[①] 整体来看，该项目主要开展的活动有[②]：周五"彩虹故事会"（由"故事妈妈"轮流带领孩子们讲

---

① 参见天津开发区 2016 年公益创投项目申报书：CHQ——群养之家项目。
② 参见天津开发区 2016 年公益创投项目申报书：CHQ——群养之家项目。

故事、听故事、分享心得,给孩子们展现自己的机会,培养孩子们的表达能力和自信心,促进亲子沟通);每月“彩虹父母课堂”(邀请在家庭教育领域的资深教师为家长讲课,建立家长“读书组”等);群养公社讲师团(挖掘骨干家长志愿者,通过开展家庭教育导师的公益培训,培养一批专业讲师团队,建立起群养训练模式);彩虹之家亲子公益行(通过共同组织和参与义卖、关爱弱势群体等活动,使孩子学会关爱他人,学会分享,能够用自己的力量去帮助身边人);彩虹夏季音乐会、秋季诗友会(让孩子们感受到群养之家的美好,培养孩子的自信心,构建泰达家庭群养生活圈);彩虹家庭成长记录——项目拍照、录制及合成(与专业团队合作,全程记录 CHQ 大家庭的成长过程,为总结研究社区群养模式积累宝贵经验,为彩虹家庭留存成长记忆);彩虹微信平台线上共读项目(通过共读教育丛书,让家长与孩子能够随时随地学习教育,传播科学的传诵理念);编辑彩虹专属期刊(普及青少年与儿童家庭成长知识)等。从主办方推动这个项目实施的立意来看,其中很重要的目的就是要培育引领这个组织健康成长,使其活动行为更加规范化,更加充分地发挥社会力量的积极价值。可以说,TD 社会服务中心通过这种“组团”的方式开展公益创投项目,以项目促进组织成长的方式,也是“以社育社”培育发展社区社会组织的一种积极尝试。

(三)几点启示

1. 有序引导社区社会组织发展需尊重自组织逻辑

培育发展社区社会组织要根据社区的实际情况,实事求是,因地制宜,遵从生活的逻辑,按照自组组的规律有序引导,不拔高、不好高骛远,适时将基层群众的创举引向深入。从这个案例中,我们看到,针对特定年轻人群的自组织如何实践、如何具体推动,根本上还是要从他们的实际需求出发,有序引导,才可能发挥这类自组织的功能。以

"CHQ——群养之家"来说,其有自我组织的意愿、有自我提高的追求、有自我行动的策略,他们不仅能够组织好自身的活动,而且也有一定的社会资源链接能力以及与政府部门进行有效沟通的能力。因此,要在法律允许的范围内,给予信任,平等对待,创造条件让社区社会组织实现自我服务、开展不同层面的社会创新,发挥社区社会组织协同作用,为共治共建共享的基层社会治理格局构建贡献力量和价值。实践表明,基层群众自我服务、自我管理的能力是有的,社会自我组织是有益的,作为一种社会团结力量的社区社会组织参与基层社会治理创新是可能的。

2. 街道推动社区社会组织发展既要到位又不越位

街道是推动发展社区社会组织的关键。街道直接联系社区、社工,其对社区社会组织作用的发挥最敏感、最真切。实践表明,社区、社工力量及其相关资源的支持与否将在很大程度上决定区域内社区社会组织的发展状况。当发现基层有社区社会组织这样的社会力量出现时,街道层面如何转变思维、如何引导培育,并使之成为探索多元参与基层社会治理新途径的正能量,不仅是职责履行的体现,更是治理能力的彰显。以"CHQ——群养之家"来说,该组织的成长离不开街道的支持,特别是在引导规范上,街道适时将其纳入社区社会组织管理范围,不仅帮助该组织解决实际发展中遇到的瓶颈和难题,而且通过纳入规范管理,使其能够有机会参加公益创投、政府部门组织的社会治理创新汇报会等活动,这进一步提升了组织的影响力和公信力。在"CHQ——群养之家"成立、成长的过程中,街道能够顺势而为,积极履职尽责,培育其发展,发挥了推动作用,体现了有为、到位。从发展的角度来看,对于具有自组织特点的社区社会组织而言,其有自身的成长规律,街道的引导要适度,过度引导可能陷入"行政化"窠臼,出现"过度组织化"现象,无法达到激发基层社会活力的目的。简言之,街道层级在培育发展社区社会组织上不能不作为,不能简单直接干预,而要不越位,更要通过创造发展环境、整合社会资源,实现社区社会组织自我运行、自我管理,引导其朝着良性运行的方向上去发展。

3. 以发展的视角看待并把握社区社会组织在基层社会治理中的作用

目前,对于社区社会组织培育发展的政策体系还处在建设完善当中,如何看待社区社会组织在社区治理体系中的位置和作用,客观上,存在一些地方和部门在认识上不一致、不统一的现象。这可能源于各地社区建设、社会组织发展的程度不同,因此存在一定程度的发展不平衡。应该说,这是一个结构性问题,相信随着社会治理现代化建设实践的有力推进,社区社会组织的应然和实然价值会伴随各种治理实践而渐次呈现。这种判断,一方面来自社区治理先进地区实践的例证,另一方面来自治理理论在开放中发展的理论指向。以"CHQ——群养之家"这个案例来说,在调研中笔者发现,该地区在发展社区社会组织方面还是主动有为、效果不错的,街道和社区都有收获,特别是对于基层社区工作者来说,其从培育发展社区社会组织中尝到了"甜头",这种"甜头"可能直接来自社区社会组织助力解决了实际问题,也可能来自社区凝聚力的增强、社区参与度的提高,或者是社区活力与秩序的达成,等等。当然,这种局面不是一开始就有的。据了解,整个街道在推动这项工作的过程中,也存在有的社区工作者不理解的情况,但通过互学互看、案例示范、理论研讨等实践,大家渐渐地取得了更多共识。因此,在实践中,要以治理思维、过程存在方式渐进推动培育发展社区社会组织工作。在这个过程中,要坚持党建引领,把握社区社会组织发展的正确方向,根据实践发展的现实状况,不断深入思考社区社会组织发展面临的各种情况和难题,逐步提升理论认识能力和实践引领能力。以"CHQ——群养之家"来说,它的发展规模及影响已远超社区范围，如何规避和防控实践中的各种风险；更进一步看，随着实践的纵深发展，如何深入认识社区社会组织的内涵、如何处理社区社会组织的备案和注册管理等问题，需要在实践中不断观察、总结和反思。

四　社区社会组织之金北佳园业主委员会①

（一）基本情况

金北佳园业主委员会是在2014年成立的，第一届业主委员会由5位委员组成。本届业主委员会是这个小区的第二届业主委员会，于2019年完成换届。业主委员会现有委员7人，其中男性5人、女性2人；主任1人、副主任2人；党员5人。委员年龄均在60岁以上。业主委员会有固定的办公场所和必要的办公设施，与居委会办公地点在同一楼层。目前小区的物业费收费标准为1.5元/平方米，物业费收缴率比较高。

金北佳园建于2010年，是天津市重点示范性保障房项目，小区建筑均为高层住宅，共20栋，有居民2448户，其中公租房10栋、1368套，经济适用房10栋、1080套，常住居民有5500余人。小区的地理范围基本上就是社区范围。较一般商品房小区而言，这个小区的孤寡老人、残疾人、低保户等群体较多，对社区居委会依赖程度较高，客观上看，这个小区所面临的治安风险、管理难度、治理复杂程度都较为突

---

① 本部分的写作资料主要来自笔者实地调查收集的各类社区资料以及笔者对居委会主任和业委会主任的访谈，在此要特别感谢居委会主任L女士和业委会主任H女士提供的帮助。金北佳园业主委员会的名称为化名。

出。为此，面对保障房社区的实际和特点，居委会创新工作方式，特别是注重发挥多元主体作用，使其共同参与社区治理，尽量规避“唱独角戏”的情况，其中一个工作亮点是织密红色志愿网格，将各类组织的志愿服务融入社区日常治理实践，取得了一定的工作成效。

业主委员会的日常办公经费是按照物业费收缴的一定比例提取的。据业主委员会主任介绍，这笔经费基本没有用过。业主委员会没有自己的银行账户，小区有一定的公共收益，比如广告费、车位费等，这些钱都放在物业公司的账户上，但具体使用由业主委员会来监管。业主委员会委员建有微信群，如需开会商量事情就用微信通知，有时也会电话通知，委员们有一定的通讯补贴。目前看，这个业主委员会的内部关系稳定，工作团结，有事能够经常商量。

现任业主委员会主任 H 女士是第一届业主委员会的委员，2019 年换届后当选为主任。她是一位有热心、责任感和奉献精神的人，是社区的积极分子，也是现任的社区“两委”委员。小区建成后她就一直居住在这个社区，现在年龄有六十多岁，有三十多年的党龄，退休前是一家国有企业的一线工人。之所以进入业主委员会，是因为党员关系由单位转到社区后，参加社区组织的党员活动，这样就跟社区有了经常性的联系。她本人也是社区志愿者，而且还是一支志愿队的队长。在参加社区的活动中，社区书记跟她认识后有了较多的接触，也更深入地了解了她的一些个人情况，特别是对她做事公道非常认可。因此在成立第一届业主委员会时，社区书记就多次到家里来做她的工作，希望她能参与业主委员会的工作，她就这样在组织的召唤下进入业主委员会当委员。在 2019 年业主委员会到期换届时，社区又来家里做工作，希望她能来参选主任一职，她本着一名党员应有的责任感和工作态度，就答应了。按照换届程序要求，最后 H 女士当选为这届业主委员会主任。她说：“既然组织要求、大伙儿信任，那我就得好好干，不能辜负组织,更不能辜负大家。”

(二)业主委员会的相关行动实践

2019 年业主委员会第一届任期已满,因此这一年业主委员会在社区的指导下开展换届工作。据了解,在换届过程中,社区党组织和居委会做了很多具体工作,包括对业主委员会委员的政治把关、委员资格的确认以及发动社工、网格员、楼门长、志愿者宣传,等等,正是这些细致的准备工作以及规范的程序安排,确保了业主委员会换届工作的顺利开展,并得到了业主的认可。此次换届,社区党组织按照相关文件精神要求,特别注重加强对业主委员会的党建引领,比如增加了具有党员身份的委员数量、业委会主任也是党员(第一届业主委员会主任不是党员,此次换届后其留任为委员)等。

为小区提供服务的物业公司是这届业主委员会到任后通过程序更换的。之所以换物业公司有几方面原因,有业主反映物业服务不到位的问题,也有居委会反映物业配合度不高,特别是在需要物业临时配合社区开展一些工作上衔接不顺等。为此,在社区党组织和居委会的指导下,业主委员会在完成换届后,又按照有关程序将前物业公司换掉,与现物业公司签订物业服务合同,按照四级标准提供服务。在签订合同时,业主委员会与物业公司充分沟通,并对合同内容进行仔细审核,又在物业公司提供的合同文本基础上添加了几项条款,大概内容有配合社区开展工作、不准将服务外包等。

新换的物业公司积极回应有关诉求,也确实做了一些改善小区环境的实事,其中既有业主的急事、烦心事,也有居委会关心的各类任务事项。比如物业公司配合小区使用应急解困维修资金解决了小区楼顶漏雨、墙皮脱落等业主最急最忧的难事,在“创文”“创卫”中物业公司也按照居委会的要求做好迎接相关检查的工作等。为了进一步改善小区环境、提高信任，物业公司还更换了防盗门、摄像头等设施，可以说，较之前的状况，现在的小区物业服务有明显提升。

业主委员会每月与物业公司开见面会，就物业相关问题进行沟通交流。业主委员会要求物业公司在涉及重大事项以及广告费收益等问题上必须做到公开公示，而且公示的内容要贴在小区显著位置和易于业主看见的地方。据了解，该社区建有社区物业联席会议制度，能够坚持按时如期召开会议，如有临时事项，会议可以随时由社区牵头召开，参加会议的人员主要有居委会代表、物业公司代表、业主委员会代表、社区物业管理员、社区民警等。一般涉及物业的重大事项都在社区物业联席会议上提出、讨论并形成解决方案。在日常工作联络中，业主委员会与居委会、物业公司的主要工作人员还通过建立微信工作群保持联络，有问题随时联系沟通。

通过调查了解，这个业主委员会与居委会能够保持紧密联系，沟通较为顺畅，在一些具体工作上也较为依靠社区。据业主委员会主任介绍，小区很多大事都会找社区书记来定。为什么会出现这一情况？这里可能既有业主委员会工作态度和工作方式的因素，也有小区治理越来越需要“技术性”支持的因素。虽然业主委员会所开展的工作是兼职进行的，但也不是谁都能干的，也需要有“技术”，特别是需要掌握一些必要的法律法规和一些专业性的知识，因此，一定的“岗前”培训和常态化业务培训非常重要。笔者在访谈中询问关于业主委员会相关培训的问题时，业委会主任表示：“我记得参加过两次，但因为岁数大，有些培训内容也记不住。”这也就可以在一定程度上理解为什么业委会主任要经常找社区书记，因为当处理一些小区事务时，需要运用相关法规或者知识来帮助做决策时，可能有的她确实不了解，或者了解不全面、不及时。为此，最为稳妥的做法，正如她自己所说的，“有什么不懂的就找社区问”。

在谈到业委会与居委会、物业公司之间的关系时,业委会主任认为,业委会的工作要"一拖二",一面对着社区,一面对着物业公司,还要做好二者关系的调解。她介绍说:"社区与物业公司曾因为一些事没有沟通好,产生了误会。我居中调解,最后的结果还是不错的,双方将各自的诉求都说开了,误解也消除了。"她进一步讲:"业主委员会平时很少接触政府其他部门,主要与居委会打交道,所以要跟居委会处理好关系,方方面面都需要依靠社区党组织、居委会的指导和帮助。与物业公司相处时,要把容易产生误会、矛盾的事情提前说开、说透,互相理解,多沟通,涉及小区利益的事都要做到公开透明。"通过调查笔者了解到,在日常工作中,业主委员会在协调居委会和物业公司之间的关系时发挥了一定程度的"润滑作用",也对社区建立的协同共治机制贡献了力量,发挥了一定的联动作用。

金北佳园业主委员会注重保持与业主的联系互动。这届业主委员会通过多种渠道收集业主反映的问题,也主动向业主了解情况,业主委员会主任还将自己的电话号码公开。可以说,业主委员会与业主的交流方式和途径是多样的,比如在社区志愿活动、党员会议以及日常锻炼等各种场景,都可以收集业主的意见。他们认为要多听业主的意见,聚焦主责主业,把监督物业服务这个中心工作做好。

还要提及的一件事是,金北佳园业主委员会花费了较大精力来解决房屋维修这件烦心事、难事。一些业主反映小区有楼顶漏雨、墙皮脱落等问题,这不仅是急事,而且也存在安全隐患,所以必须赶紧维修,解决隐患。但对于这个小区里的经济适用房来说,因为已过质保期,所以物业公司想要动用房屋维修资金来维修。房屋维修资金也可以说是房屋的"养老金",业主一般是不愿意轻易使用这笔资金的,大家认为这笔钱得用到真正需要的地方,况且 70 年的产权期还剩下很长时间。当然,对于这笔资金的使用也有着较为严格的要求和程序,但不管怎样,随着房屋年龄的增长,需要维修的地方确实也在逐年增多。经再三考虑又与居委会沟通后,业主委员会认为还是不动用维修资金,他们先后向市、区有关部门反映,最后通过使用应急解危资金解决了屋顶漏水、墙皮脱落等问题。据了解,应急解危资金并不动用房屋维修资金的本金。同时我们也了解到,居委会一直指导参与这笔资金的申请以及房屋的维修,对此事最后的解决起到了积极作用。

概言之,从调查情况来看,金北佳园业主委员会的运行较为稳定,可以用“中规中矩”来描述这个组织的发展状态,组织无论内部还是外部都没有较大矛盾,参与的基本都是小区日常事务。它“依附”于社区,也监督物业公司,当然,它的实践活动也离不开社区和物业公司的支持,也可以说,金北佳园业主委员会还不能“完全”独立运行,但它也在或主动或被动的实践中成长,或积极或被牵引着参与社区治理实践。

(三)几点启示

1.要积极建构社区团结

现代社区治理需要多方参与,特别是涉及物权方面的问题,必须要有业主的参与,否则,一些问题的解决方式将面临质疑或拷问。为此,以业主委员会及其行动为表现形式的业主参与是必要的,这既是当下社区治理形式上的要求,也是社区治理实践内容上的使然,当然,这种参与的价值指向应当是建构社区团结。特别是业主委员会要与其他社区治理主体一起以组织化的方式建立常态化的结构联系,其工作的一个重点则是代表广大业主协调、处理与物业公司及社区居委会的关系,这当中公开、公示、透明是需要秉持的重要原则。社区多元主体既要尊重各自的价值、立场,也要保持一定的“黏性”,共同来促进社区治理共同体建设,其中业主委员会的应然和实然价值不可或缺。

2. 要重视小区物业管理服务问题

在城市社区,小区物业管理服务是当下社区治理的热点和难点问题。为此,要积极面对,不回避,不避重就轻,根据小区实际,因地制宜、实事求是来寻找解决小区物业问题的良方。可以说,当前小区物业问题既有结构性的体制机制问题,也有社区发展中的成长问题。针对当前物业管理服务现状及制度安排,建设好业主委员会既重要又必要,发挥业主委员会在破解小区物业难题中的积极作用是城市社区治理中的重大议题。因此,围绕小区物业相关问题,既需要有针对一般性问题的规律性探讨,也需要有针对具体问题解决办法上的工作创新和积极尝试,尤其是要在机制上多下功夫。比如关于使用房屋维修资金更新、改善小区环境这一问题,一般来说,物业公司愿意使用房屋维修资金,他们并不愿意自己垫钱来维修,但业主不愿意,这就容易产生矛盾,怎么平衡业主"惜用"房屋维修资金与物业公司追求利润的关系,确实需要在具体的工作机制和方法上进行创新。再如,关于居委会与物业公司配合度不高这一问题,现实中因有关工作要求或者类似"创文""创卫"活动,在推动工作时一般对小区环境的要求都比较高,这样有些工作如楼道堆物整治,就需要物业公司来积极配合并加强日常管理,但有时物业公司的相关服务无法满足社区的要求,况且物业公司与社区并无上下级的隶属关系,所以如何提高这种工作上的配合度是需要双方共同努力的。还有如一些关于物业服务质量变差以及设施设备老化等问题,业主反应比较强烈,而且经常将这些问题投诉到社区,但如果社区与物业公司沟通不顺,又容易产生更多次生问题,不仅社区与物业公司有矛盾,而且业主也可能因为问题没有及时解决而将不满转嫁到社区居委会,因此这些具体问题的解决机制还待进一步完善。

3. 要保持经常性沟通

业主委员会与社区居委会在日常工作中要利用多种社区生活场

景保持经常性的沟通,这种沟通既要有正式的沟通形式,也要有非正式的沟通形式,特别是要重视沟通的多面性、网络性、有效性和及时性。一般城市社区都建有定期的社区物业例会制度以沟通情况、解决有关问题等,应该说,这是非常好的制度安排。但从现实情况来看,这还不够,无法满足日益增长的、可及性强的物业服务需求,尤其是围绕日常物业服务发生的都是一些"小事、琐事",因此还需要形成更多的沟通形式,以促进问题的及时发现、有效反映。比如要利用微信群、志愿活动、党员活动等方式建立沟通,目的是要将日常物业出现的各种情况随时上报、保持工作上的及时提醒等,特别是要将处于萌芽状态的小问题、苗头性问题及时发现并采取措施加以解决,确保社区物业治理的有效性。一般来说,业主委员会的成员具有多重身份,有的既是业主,也是居委会委员、社区活跃的志愿者、党员、各种文体活动的参与者等,可以在社区活动的多个场景与社区工作人员相见,有时在这些日常的场景中就可以实现信息交流及互动,也能够达到正式开会的效果,有时可能这种形式比正式开会还要更经济、更及时、更有效。当然,这种经常性沟通,不仅需要在业委会与居委会之间开展,也需要在业委会与物业公司之间建立,而且为了提高沟通的成效,还需要将这种沟通置于业主经常活动的多种日常生活空间之中,如小区广场、大门口等,以方便互动、增进信任。

4.要开展必要的常态指导性培训

对新成立或者刚换届的业主委员会要及时开展常规性的业务培训,加强对业主委员会主任的经常性培训,特别是要结合新的政策法规和有关文件精神进行及时的学习培训。业主委员会的相关实践表明,做好这份"兼职"的工作,不仅需要热情、热心、奉献精神,也需要有一定的专业性知识,特别是房屋、产权、物业管理相关的法律规定以及设施设备的维修保养常识等。在现有各类社区治理业务培训中,要增加社区物业管理知识的相关培训内容,特别是要从基层社会治理创新的角度,多向各类与社区治理相关的工作人员普及业主委员会及其相关知识。

5. 要充分发挥社区党组织的核心作用

社区党组织要主动关注社区物业管理相关问题,发挥其在社区治理中的核心作用,要特别注意对业主委员会主任及相关成员的政治把关,发挥党员的先锋模范作用和带头表率作用。创新党建引领业主委员会培育发展,通过合法程序,选优配强业主委员会负责人队伍,选好关键人物。业主委员会成立后,社区党组织也要发挥指导、监督作用,对于一些重要事情做到及时提醒,帮助协调,真正做到既到位又不越位。社区党组织还要从做好新时期社区群众路线工作的角度,看待和把握业主委员会及其相关行动,创造条件建立相关激励机制,提高业主委员会这支队伍参与社区治理的积极性和创造性。

第六章

总结与讨论

一　从引导到自觉：有序推动社区社会组织参与城市社区治理

通过对已有社区社会组织相关研究的梳理以及对社区社会组织参与社区治理实践的观察，总的来看，虽然社区社会组织在一定程度上发挥了应有的社会功能，但社区社会组织整体发育程度还有待提升、自主性不足亟待改进，培育扶持社区社会组织发展的配套措施和实施细则有待进一步完善，特别是社区社会组织参与社区治理的能力还很弱、持续性还不够稳定。为此，我们认为，在当前，有序推动社区社会组织参与社区治理显得尤为迫切。在实践中，一方面，要从改善综合制度环境出发，加强政府宏观引导，通过深化街道、社区治理机制改革，发挥行政力量及枢纽型、支持型社会力量的能动性，积极拓宽社区社会组织参与社区治理渠道，提高资源整合及配置效率，将社区社会组织培育工作纳入社区治理的整体布局以及基层政府绩效考核之中;另一方面,也要提高社区社会组织的自觉性,注重社区社会组织自主性养成,进一步发挥其主体能动性和自组织功能,使社区社会组织自觉参与各类基层社会治理实践,让社区社会组织真正成为社区建设与社区治理的参与者、合作者、监督者与受益者。

(一)加大政府引导力度,理顺社区社会组织的培育管理机制

审视当前社区社会组织发展现状与难题,有必要加大政府对社区社会组织的政策扶持力度。根据社区实际,倡导分类治理,以不同类型社区社会组织的特点和发育程度及社区需求的紧迫程度,有序、规范推动社区社会组织参与社区治理实践,走精细化发展之路,既要重视"顶层设计",又要因地制宜,更要注重基层实践创新。积极践行治理理念,深化对社区社会组织社会功能的认识,侧重从社会结构转型、促进社会团结的背景与视角来看待社区社会组织的社会影响。让渡社区服务与管理的部分空间,积极引导社区社会组织参与社区公共生活,将社区社会组织培育与社区活力、社区秩序、社区减负增效、社区治理多部门联动等具体实践进行有机结合,营造有利于社区社会组织成长发展的政策环境。要基于国家与社会之间的关系,从双向增能的角度,搭建平台、汇聚资源、适度激励、科学管理,破解政社不分的难题,推进社区社会组织制度化与法治化建设。要创新社区社会组织孵化、培育、激励与管理模式,为社区发展及社区自治夯实组织基础。针对当前社区治理难题、社区热点问题,积极组建和培育特定类型社区社会组织,要优先扶持和鼓励养老、公益慈善、为民服务等类型的社区社会组织发展。进一步完善社区社会组织备案与注册管理制度,着重理顺基层运行机制,尤其要强化条块结合,调动街道的能动性,加强社区社会组织发展平台与保障机制建设,使社区社会组织孵化、运行及作用发挥规范化、常态化。要建立健全激励机制,以社区活动参与率、

社区服务设施利用率等具体指标来奖励和引导社区社会组织参与社区建设、社区治理。要实行预警制度，对于长期不活动、作用发挥不明显的社区社会组织进行正面引导和规范。

（二）开发社区公益创投项目，以多种方式向具备一定能力的社区社会组织购买服务

加大社区公益创投项目开发力度，通过独立、联合等不同方式向社区社会组织购买相关服务，发挥项目的“引擎”作用，使社区社会组织成为丰富社区生活、满足社区需求、提高居民社区参与、解决社区问题、增进社区凝聚力、促进社会创新的不可或缺的建构性力量。当下，要进一步规范项目发布、申请、立项、验收、评估等制度设计，在配套措施和实施细则上更能体现社区社会组织的特点和实际，提高项目的针对性、操作性和可持续性。加强项目培训，尤其是要针对社区社会组织负责人或骨干成员开展活动策划、申请书撰写、财务管理等方面的培训，以此提高项目执行效率、降低“失范”风险。建立健全向社区社会组织购买参与社区治理服务的工作机制，让社区社会组织在提供社区服务、促进社区参与中真正“动起来”。通过购买相关服务，让枢纽型社区社会组织或者具有一定影响力的社会组织来带动、引导更多社区社会组织参与社区治理实践，尤其是要发挥街道社区社会组织联合会或专业性较强的支持性社会机构在社区社会组织孵化、培训等方面的作用。适度扩大政府购买服务的规模，发挥购买服务“指挥棒”的导向作用，建立常态化资金保障机制，提高资金使用的规范性和便利性。与此同时，要通过多种方式创新资金支持的多种渠道，提高政府资金使用效率，防止出现部分社区社会组织过度依赖财政资金的现象。

（三）完善城市社区治理结构，提升社区社会组织的治理能力

厘清党委、政府与社区的权责边界，以城市基层党建引领社区社

会组织主动融入社区治理实践，在调整和优化社区治理结构中认识和把握社区社会组织在社区治理中的位置与地位，拓展其生存与发展空间。实践表明，社区中出现一些长期不活动的“僵尸型组织”“表格型组织”或者活动开展不顺畅的组织，很大的原因在于组织缺乏自主性和能动性。为此，在实践中，要围绕能力建设，根据社区社会组织的不同类型、不同需要，逐步完善组织架构、活动规范等方面的制度，提高社区社会组织自我管理与自我服务水平，使其逐步走上制度化、规范化发展轨道。发挥社区社会组织具有民间性的优势，凸显其志愿性和自治性，以动态的视角把握社区社会组织培育发展的实质，提升社区自我调节及居民自治的能力和水平。重视从“接地气”“扎根”角度把握社区社会组织参与社区治理的重点任务和推进逻辑，以进一步增进社区团结。做实做强街道枢纽型社区社会组织，引进专业社会工作人才，推动街道枢纽型社区社会组织走向专业化，使其工作人员逐步专职化。通过深化街道体制改革，调动社区居委会培育社区社会组织的主动性和积极性。笔者在调研中发现，在社区社会组织培育工作开展得比较好的社区，居委会与社区社会组织之间的互动较为频繁、顺畅，居委会也较为认可社区社会组织的作用。此外，还要注重发挥居委会的监督、调解功能。居委会要及时了解社区社会组织的基本情况和运行状态，当社区社会组织存在内部矛盾或发生外部纠纷时，要适时恰当地进行“指导”。

（四）提高社区参与，以社区社会组织为依托建构社区动员新机制

提高社区参与度是城市社区治理的迫切需要。当前，城市社区建设与社区治理的诸多环节和实践过程都需要居民参与，特别是一些涉及居民切身利益的社区实践一定要有居民参与的程序，而且有时还需要广泛、深度参与。只有这样，一些社区实践才能较好地执行并得到

居民认可,否则,一些社区实践将会困难重重,甚至有可能埋下引发社区矛盾纠纷的隐患。诚然,社区参与可以有不同的方式与途径,但是随着城市社区治理复杂性的增加,一些传统社区动员方式已难以满足当前城市社区发展的现实需要,为此,从发展社区社会组织的路径来提高社区参与、提升居民组织化程度是必要的。在实践中,要以社区社会组织为依托建构多层次公众参与机制,重点是要以组织的形态涵养社区公共精神,以治理的思维来动员社区多元主体,从而形成更多社区公共议题,优化社区公共空间,拓宽社区参与渠道,提升社区参与质量,扩大社区信任,培育更多社区社会资本。简言之,通过社区社会组织的方式来促进、提高社区参与,将有助于让居民在社区实践中感受服务、评价服务、拓展服务,使居民在组织活动中感受社区生活、增进社区互动、提升社区意识。

(五)强化"政社互动",重视社区社会组织在社区治理中的作用

城市社区治理多元共治格局形成的关键在于构建社区治理中"政社互动"或"三社联动"主体间的可持续互动机制。实践证明,以高昂的行政成本来强化社区治理是难以为继的。鉴于此,整合社区内外资源,调动各主体参与社区治理的积极性,形成社区治理合力显得尤为迫切。要以"政社互动"或"三社联动"为依托,在党的领导下,积极探索构建具有自治与共治、协商与协作特征的社区治理多元主体之间可持续互动的良性机制。当前,要把培育社区社会组织的实践纳入"政社互动"之中,使社区治理各相关主体之间增进了解、增强互信,确保"政社互动"的各种项目顺利实施,凸显社区社会组织在社区治理结构中的作用,真正实现社区治理各方共建共治共享。通过"政社互动"方式,引导社区社会组织承担项目,鼓励专业社会工作组织"陪伴"社区社会组织成长,形成"以社育社"的良性发展机制。鼓励社区探索、创

新“政社互动”的可持续互动方式,开发社区服务创新项目,在项目实施中发现、培养社区社会组织的带头人、骨干、积极分子,充分发掘社区内生力量。培育居民自愿组建社区社会组织的意识,引导居民积极参加社区社会组织,倡导健康的社区生活方式,建设符合新时代需要的社区文化,培育积极向上的社会心态。

二　以制度化为重点提高社区社会组织发展质量

党的十九大报告指出,“加强社区治理体系建设,推动社会治理重心向基层下移,发挥社会组织作用”。《中共中央 国务院关于加强和完善城乡社区治理的意见》强调,统筹发挥社会力量协同作用,大力发展社区社会组织和其他社会组织。面向新阶段、新征程,《中华人民共和国国民经济和社会发展第十四个五年规划和 2035 年远景目标纲要》指出,要“构建基层社会治理新格局”,“积极引导社会力量参与基层治理”,“培育规范化行业协会商会、公益慈善组织、城乡社区社会组织,加强财政补助、购买服务、税收优惠、人才保障等政策支持和事中事后监管”。

应该说,类似的一些具有“纲领”“顶层设计”的政策文本和文件精神为社区社会组织培育发展提供了基本遵循,也营造了良好的制度环境和支持氛围。由于社区社会组织来自社区、亲近社区,特别是在社区情感、社区关系、社区信任的维系和建构方面具有一定的优势,社区社会组织在推动居民群众参与社区建设、激发基层社会活力、表达社区居民诉求、创新社会治理方面确实发挥了重要作用,社会成效有目共睹。从近些年的实践来看,无论国家层面还是地方层面都积极鼓励社区社会组织参与社会治理创新，出台了一系列的具体规章制度来促进社区社会组织培育发展，社区社会组织的数量和规模都有了很大提升。但也应看到，与加强社会建设、完善社区治理体系、促进社区治理能力现代化的总要求相比，社区社会组织整体发展水平还比较低，功能不全、能力不强的问题还比较明显。为此，我们认为，要结合当下新形势，从整体出发，以推进基层社会治理现代化为目标，积极推动社区社会组织发展制度化，着力提高社区社会组织发展质量。

在坚持以党建引领社区社会组织健康发展的总指引下，当前还应重点强调做好以下四方面工作。

一是完善社区社会组织培育发展制度。将社区社会组织培育发展纳入共建共治共享的基层社会治理新格局之中，从拓宽群众参与基层社会治理制度化渠道、发挥社区社会组织在基层治理中的民主协商作用等角度，加快完善有关支持性政策的研制，吸纳社区社会组织参加社区民主协商，发掘社区社会组织在民主协商中的积极价值。特别是基层政府在组织、动员资源等方面具有相对优势，应充分发挥对社区社会组织发展的引导和扶持作用，不断完善社区社会组织培育机制。具体来说，要进一步健全政府购买服务机制，创新手段和方式，推动社区社会组织积极参与购买服务；完善对社区社会组织的服务和管理机制，制定更具实效性和可操作性的社区社会组织备案登记办法；探索设立孵化培育资金，通过政社合作等方式加大对社区社会组织的孵化扶持力度。

二是鼓励引导社区社会组织积极参与社区治理创新。当前，应以实现“政社”良性、持续互动为突破口，积极推动社区社会组织参与社区建设和社区服务，并使之逐步走向制度化。这种参与的多重互动及其关系结构所呈现出的自主性、志愿性、扎根性，不仅有利于发现社区居民需求、整合多方资源、预防和化解社区矛盾纠纷，也有利于明确社区社会组织在社区治理中的主体地位，拓宽其参与治理的渠道。具体来说，要增强社区社会组织承接公共服务的能力，提高其服务社区水平；构建社区社会组织与其他治理主体之间的持续互动机制，在互动中增进各个治理主体的团结协作；促进社区社会组织更充分、更积极地参与社区事务，在凝聚社区共识、提高居民参与度、提高公共事务处理效率中发挥作用。

三是加强社区社会组织自身制度建设。规范运行是社区社会组织有序成长、发挥作用的重要前提。应进一步提高社区社会组织的自律意识，促进其真正成为加强和完善社区治理的重要主体。具体来说，要推动社区社会组织规范发展，建立健全以章程为核心的各项制度，不断完善内部治理结构、健全运行机制；加强社区社会组织品牌建设，推动其在参与社区服务活动中提升美誉度、扩大影响力；引导和动员社区居民骨干参加社区社会组织，加强社区社会组织的人才队伍建设，提高社区社会组织负责人或发起人的组织化意识，使其熟悉掌握有关社区社会组织的规章制度，遵守相关法规，按照章程开展组织活动；坚持因地制宜，依托现有社区资源引导社区社会组织有序发展，不断拓展社区社会组织发展空间。

四是注重研究社区社会组织发展规律。结合我国国情及当前社区社会组织发展实际，应进一步加强社区社会组织及其主体性、参与性研究，及时掌握社区社会组织发展变化的特征、趋势，不断深化对社区社会组织本质的科学认识，丰富社区社会组织的内涵与外延，深入发掘社区社会组织之于社会治理理论的协同意涵和价值。具体来说，要善于运用党的创新理论，指导做好社区社会组织分类管理服务各项工作；适时总结社区社会组织培育实践的经验，提炼具有“本土”特色的理论知识，提高理论阐释能力和对话能力；加大比较研究力度，从机制建构上深入探讨社区社会组织培育发展实践的模式与形态，提高研究的针对性、实效性和储备性，从而更好地指导实践，推动社区社会组织培育发展工作再上新台阶。

三 发挥社区社会组织在建设基层社会治理共同体中的积极作用

建设人人有责、人人尽责、人人享有的社会治理共同体是新时代加强和创新基层社会治理的本质要求和迫切需要。无论是从理论内涵还是从实践指向上看，培育发展社区社会组织无疑是当下基层社会治理共同体建设的关键变量。社区社会组织扎根在社区，了解民情、接地气、聚民心，其不仅有着其他社会组织不具备的联系群众的广泛性和便利性，而且还能够表达、呈现居民群众的志愿精神，开展志愿行动。而这将有助于解决基层社会治理共同体建设中的群众参与不足问题，有助于使社区治理各相关主体达成合作，有助于回应基层社会治理共同体因“无根”而“漂浮”的问题。特别是当前一些社区因存在过度行政化、大包大揽等问题，致使居民之间缺乏有机联系，阻碍了群众自我组织的积极性，社区无法有效地将群众组织起来、动员起来，群众疏远了社区。因此，面对新时代开展基层社会治理实践的新要求，以社区社会组织为手段和载体推进基层社会治理共同体建设显得尤为必要。

在实践中，要不断深化理论认识，深入阐释发展社区社会组织的理论价值与现实意义，从建设基层社会治理共同体出发，以社会结构与社会团结、社会秩序与社会活力的关系调整和互动共生，构建“基于社区—面向社区”双重视角的社区社会组织认知体系，发掘本土社会治理思想和实践资源，遵从基层社会治理理论的逻辑来制定有关培育发展社区社会组织的政策。特别是要围绕社区社会组织“扎根性、社会性、群众性”特征,不断完善社区社会组织党建工作,创新服务方式,依法规范管理,加强综合监督,优化发展环境,推动社区社会组织培育政策体系逐步走向成熟。

推动社区社会组织在建设基层社会治理共同体中更好地发挥作用,重点要深挖社区社会组织培育实践的内在机理,立足新情况、新问题、新探索,建立健全社区社会组织培育发展的党建引领机制、行政化机制及社会化机制。所谓党建引领机制主要是通过党建实践的有效开展,推动党的组织和工作有效覆盖,发挥党建资源优势,确保社区社会组织沿着正确方向发展;行政化机制主要是通过分类服务管理的实践创新,厘清政府行为边界,规范治理,赋权增能,拓展空间,推动社区社会组织有序优先发展;社会化机制主要是通过发挥社会力量的作用,以自组织治理为核心,通过“以社育社”等多样方式扩大培育渠道,夯实社会基础,构建多元的社会支持系统,营造良性发展的社会氛围。

从某种意义上说,社区社会组织培育发展的实践与理论既有来自先进经验的借鉴之力,也有我国传统社会治理思想与智慧的贡献,更有来自今日基层社会“首创精神”的创新之举。因此,开展社区社会组织培育发展工作,要更加重视发挥街道、社区居委会的能动性,呈现基层群众的参与性、志愿性及自主性,推动社区社会组织融入基层社会治理结构,将社区治理结构新变动及自组织治理新范式纳入社区社会组织发展政策环境优化之中,加强对社区社会组织培育发展风险的防控,发挥社区社会组织在建设基层社会治理共同体中的协同与合作作用,促进基层社会秩序和社会活力的有机统一。总之,推动社区社会组织培育发展不能仅就社区社会组织自身来看,而要从基层治理主体关系及互动中来审视,从基层社会治理共同体建设中来把握。

四　进一步讨论

推动社区社会组织参与社区治理既是当前创新基层社会治理的一个重点问题，也是激发基层社会活力、提高社区自治程度的一项重要举措。在很多情况下，社区社会组织对于优化社区治理结构、提高社区参与、调动社区内外资源、维护社区秩序具有重要社会价值，而且在具体的社区实践中也能够发挥“桥梁”“纽带”“润滑剂”“减压阀”功效。但是，我们发现，当前一些社区社会组织主动参与社区治理的积极性并不高，有很多都是“被引导”或因社区工作需要而“被邀请”的。在一段时间内，这种“被引导”“被邀请”是现实的，也是必要的，但长期来看，这种缺乏自主性的行为与现状是不可持续的，这就需要建立一整套制度来引导、规制。当前，要因地制宜，以需求为导向，根据社区实际及社区社会组织的不同类型，有层次、有步骤地分类推动社区社会组织参与社区治理，要由重引导向引导与自觉并重转变，而且要更加凸显社区社会组织的自觉性；在社区社会组织的培育上，要由重数量向数量与质量并重转变，而且要更加重视培育质量，让社区社会组织在创新社区治理中成长起来、活跃起来。

从实践来看，政府引导是推动社区社会组织参与社区治理的重要路径。为此，要加强政府相关部门以及民政部门各业务领域之间的沟通与互动，整合政府内部资源，把培育社区社会组织与社区减负增效、“三社联动”、社区志愿服务等实践进行有机结合，立足于实现政府治理和社会调节、居民自治良性互动，尊重基层群众首创精神，挖掘更多社区社会组织的生存样态，通过多种灵活的“间接”手段，提高社区社会组织培育质量,特别是要注重培育工作的精细化、专业化水平,使社区社会组织逐渐走向自觉。也就是说,在政府引导的同时,也要更加重视社区社会组织的自觉性,增强社区社会组织的自主性,凸显其与社区保持亲密联系的特性,增强社区自组织的能力及创造力。总之,培育、发展、壮大社区社会组织,要将其"嵌入"社区治理的各种实践之中,进行动态培育、动态引导、动态养成,充分重视社区社会组织在基层社会治理中的主体性,使其真正融入社区治理结构,努力建构一种兼具国家行政权力与社会自主行动相结合的复合治理机制。

之所以要关注社区社会组织参与社区治理的问题,一方面是因为通过社区社会组织来组织社区、动员社区,能够激发社区活力,推动社区治理方式转变;另一方面是为了满足建构良好社区秩序、提高社区生活质量的现实需求。然而,从实践来看,社区社会组织参与社区治理的探索仍面临着诸多不确定性因素,无论是政策制定还是治理实践层面都还存在一定的"模糊性"因素。这些因素严重影响了社区社会组织的成长、发育及作用发挥。在具体实践中,如何把握并处理好社区社会组织培育发展中面临的"低度组织化""过度组织化"问题,从而建构出"适度组织化"的良性机制和格局,这是需要反思的,其中规避"行政化"倾向仍然是当前实践中要注意的重要问题。从社区治理结构与社区治理多元主体持续互动的视角看,如何看待社区社会组织在社区治理结构中的位置与地位,如何形成持续推动社区社会组织参与社区治理的动力机制与保障机制,以及如何评估社区社会组织参与社区治理的效果与效益等,都还需要进行理论与实践层面的进一步探索和创新。

参考文献

[1] 白福臣、李彩霞:《新时代基层社会治理“三社联动”机制:理论构建、模式选择与路径优化》,《学习论坛》2019 年第 7 期。

[2] 北京志愿服务发展研究会:《中国志愿服务大辞典》,中国大百科全书出版社 2014 年版。

[3] 毕素华:《网络治理视野中公民的社区志愿服务参与》,《理论探讨》2010 年第 6 期。

[4] 才凤伟:《实践“三社联动” 促进社会和谐发展》,《中国社会组织》2015 年第 5 期。

[5] 陈爱义:《让群众有更多获得感幸福感安全感——和平区“1 +1 +3”城市基层党建引领体系成果丰硕》,《天津日报》2019 年 11 月 13 日第 19 版。

[6] 陈洪涛、王名:《社会组织在建设城市社区服务体系中的作用——基于居民参与型社区社会组织的视角》,《行政论坛》2009 年第 1 期。

[7] 陈少君:《公众参与社区志愿服务的影响因素与对策——以湖北省 H 市的 15 个社区为例》,《社会工作》2007 年第 6 期。

[8] 陈伟东、吴岚波:《从嵌入到融入:社区三社联动发展趋势研究》,《中州学刊》2019 年第 1 期。

[9] 陈晓春、钱炜:《城市社区志愿服务激励机制研究》,《福建行政学院学报》2010 年第 3 期。

[10] 陈煜婷、何海兵:《推进社区减负增效的问题分析和对策建议》,《中国民政》2015 年第 23 期。

[11] 崔玉开:《"枢纽型"社会组织:背景、概念与意义》,《甘肃理论学刊》2010 年第 5 期。

[12] 杜娟:《天津:依靠调研改进推动社会组织工作》,《中国社会组织》2018 年第 3 期。

[13] 杜伟泉、朱力:《基于权力关系重构的共治型城市社区治理机制探析》,《学习与实践》2019 年第 2 期。

[14] 杜晓红、蒋建国:《坚持履职为民 推进社区减负》,《江苏政协》2015 年第 1 期。

[15] 范明林、茅燕菲、曾鸣:《枢纽型社会组织与社区分层、分类治理研究——以上海市枢纽型社会组织为例》,《社会建设》2015 年第 3 期。

[16] 高一村:《打造社区治理与服务创新的生力军——天津市民政局党组书记、局长兼市社团局局长曲孝丽谈社区社会组织》,《中国社会组织》2015 年第 1 期。

[17] 高一村:《公益创投:一种新型的公益资助方式》,《中国社会组织》2016 年第 2 期。

[18] 葛天任、李强:《我国城市社区治理创新的四种模式》,《西北师大学报(社会科学版)》2016 年第 6 期。

[19] 耿云:《我国城市社区社会组织的发展困境及其对策》,《云南行政学院学报》2013 年第 6 期。

［20］ 谷中原、李亚伟:《减负增效:探索社区自我、内源、持续发展机制》,《中国民政》2015 年第 23 期。

［21］ 顾东辉:《“三社联动”的内涵解构与逻辑演绎》,《学海》2016 年第 3 期。

［22］ 顾昕、王旭:《从国家主义到法团主义——中国市场转型过程中国家与专业团体关系的演变》,《社会学研究》2005 年第 2 期。

［23］ 郭彩琴、张瑾:《“党建引领”型城市社区志愿服务创新探索:理念、逻辑与路径》,《苏州大学学报(哲学社会科学版)》2019 年第 3 期。

［24］ 郭道久、董碧莹:《法团主义视角下“枢纽型”社会组织解析》,《天津行政学院学报》2014 年第 1 期。

［25］ 韩冬雪、李浩:《复合制结构:“联合党建”与“三社联动”科学对接》,《理论探索》2017 年第 5 期。

［26］ 贺红霞:《和谐社会视阈下的大学生社区志愿服务》,《继续教育研究》2010 年第 12 期。

［27］ ［德］赫尔曼·哈肯:《协同学——大自然构成的奥秘》,凌复华译,上海译文出版社 2013 年版。

［28］ 胡伟、张润峰:《无缝隙治理:我国城市社区治理的一种新模式》,《中共天津市委党校学报》2018 年第 6 期。

［29］ 胡雯、原珂、宣朝庆:《社区治理与服务创新:社区培力助力“三社联动”》,《理论探索》2019 年第 4 期。

［30］ 黄晓春:《中国社会组织成长条件的再思考——一个总体性理论视角》,《社会学研究》2017 年第 1 期。

［31］ 黄晓春:《当代中国社会组织的制度环境与发展》,《中国社会科学》2015 年第 9 期。

［32］ 黄晓春、周黎安:《政府治理机制转型与社会组织发展》,

《中国社会科学》2017 年第 11 期。

[33] 纪莺莺:《治理取向与制度环境:近期社会组织研究的国家中心转向》,《浙江学刊》2016 年第 3 期。

[34] 纪莺莺:《从“双向嵌入”到“双向赋权”:以 N 市社区社会组织为例——兼论当代中国国家与社会关系的重构》,《浙江学刊》2017 年第 1 期。

[35] 姜胜辉:《标准化治理:城市社区治理新模式》,《中共天津市委党校学报》2019 年第 5 期。

[36] 姜晓萍、田昭:《授权赋能:党建引领城市社区治理的新样本》,《中共中央党校(国家行政学院)学报》2019 年第 5 期。

[37] 蒋德生、田志梅:《社区居委会减负增效的六条建议》,《中国社会报》2015 年 2 月 2 日第 2 版。

[38] 金世斌、邱家林、吴江:《让社区回归自治本位——基于 N 市社区减负工作的调研与思考》,《南京社会科学》2017 年第 9 期。

[39] 康晓光、韩恒:《分类控制:当前中国大陆国家与社会关系研究》,《社会学研究》2005 年第 6 期。

[40] 康晓光等:《依附式发展的第三部门》,社会科学文献出版社 2011 年版。

[41] 康晓强:《社区社会组织研究:回眸与展望》,《社团管理研究》2009 年第 10 期。

[42] 康晓强:《社区社会组织与社区治理结构转型》,《北京工业大学学报(社会科学版)》2012 年第 3 期。

[43] 康之国:《完善社区社会组织参与社区服务机制研究——以天津市 H 区为例》,《天津行政学院学报》2011 年第 6 期。

[44] [美]莱斯特 · M. 萨拉蒙:《公共服务中的伙伴——现代福利国家中政府与非营利组织的关系》,田凯译,商务印书馆 2008

年版。

[45] 雷风雨:《引领“两新”组织党建全覆盖》,《今晚报》2019年6月13日第2版。

[46] 李翠玲:《从发展到生活:当代城市社区治理的价值转向》,《新视野》2019年第5期。

[47] 李精华、赵珊珊:《“三社联动”:内涵、机制及其推进策略》,《学术交流》2016年第8期。

[48] 李璐:《分类负责模式:社会组织管理体制的创新探索——以北京市“枢纽型”社会组织管理为例》,《北京社会科学》2012年第3期。

[49] 李培林:《我国社会组织体制的改革和未来》,《社会》2013年第3期。

[50] 李万钧:《从社区减负增效到基层治理创新》,《前线》2018年第7期。

[51] 李文静、时立荣:《“社会自主联动”:“三社联动”社区治理机制的完善路径》,《探索》2016年第3期。

[52] 李雪萍、曹朝龙:《社区社会组织与社区公共空间的生产》,《城市问题》2013年第6期。

[53] 李友梅:《基层社区组织的实际生活方式——对上海康健社区实地调查的初步认识》,《社会学研究》2002年第4期。

[54] 李友梅等:《新时期加强社会组织建设研究》,经济科学出版社2016年版。

[55] 刘超:《本市加速健全养老服务网》,《今晚报》2019年5月28日第1版。

[56] 刘轩:《关于“枢纽型”社会组织建设的思考》,《学习与实践》2012年第10期。

[57]　刘芸:《把创文做成实实在在的惠民工程——记寨上街平阳里社区党委书记、居委会主任李静》,《滨海时报》2018 年 12 月 5 日第 2 版。

[58]　刘艳霞、徐永祥:《城市社区治理参与主体的社会网特质研究——以北京市 Z 社区为例》,《华东理工大学学报(社会科学版)》2019 年第 1 期。

[59]　龙菲:《当代中国的社区志愿服务》,《城市问题》2002 年第 6 期。

[60]　罗家为、冯志峰:《城市社区治理的模式转向:社会化与专业化》,《甘肃行政学院学报》2017 年第 6 期。

[61]　马庆钰:《纠正枢纽型社会组织的发展偏向》,《行政管理改革》2014 年第 9 期。

[62]　马西恒:《社区治理创新》,学林出版社 2011 年版。

[63]　穆青:《社区志愿服务的类型、内容与形式》,《北京青年政治学院学报》2008 年第 4 期。

[64]　穆瑞新:《天津市河西区越秀路街道举办“志愿易起来”项目签约仪式》,《中国社会组织》2018 年第 3 期。

[65]　彭娜等:《全区横下一条心 创卫攻坚不停歇》,《天津日报》2019 年 6 月 11 日第 24 版。

[66]　邱继兴、龙军、禹爱华:《社区减负 职能归位》,《光明日报》2015 年 5 月 21 日第 4 版。

[67]　沈蓓绯:《社区志愿服务:女性社会角色建构的有效路径》,《广西社会科学》2011 年第 5 期。

[68]　沈荣华、鹿斌:《制度建构:枢纽型社会组织的行动逻辑》,《中国行政管理》2014 年第 10 期。

[69]　施雪华、赵忠辰:《中国社区减负增效的思路和方法》,《中

国民政》2015 年第 23 期。

[70] 石晓天:《我国枢纽型社会组织的功能特征、建设现状及发展趋势——文献综述的视角》,《理论导刊》2015 年第 5 期。

[71] 宋煜:《助推社区志愿服务发展的建议》,《中国国情国力》2017 年第 10 期。

[72] 孙锋、王峰:《城市社区治理能力:分析框架与产生过程》《中国行政管理》2019 年第 2 期。

[73] 孙涛:《以“三社联动”推进基层社会治理创新》,《理论月刊》2016 年第 10 期。

[74] 唐文玉:《嵌入、依附抑或独立——“党社关系”维度下的社会组织发展模式考察》,《中共中央党校(国家行政学院)学报》2019 年第 4 期。

[75] 唐忠新:《社会治理视角下的社区减负问题探析》,《中国民政》2015 年第 23 期。

[76] 田丽娜:《大学生社区志愿服务长效机制初探》,《思想教育研究》2009 年第 S2 期。

[77] [法]阿兰·图海纳:《行动社会学:论工业社会(1999 年修订版)》,卞晓平、狄玉明译,社会科学文献出版社 2012 年版。

[78] 托克维尔:《论美国的民主》(全二卷),董果良译,商务印书馆 2009 年版。

[79] 万红:《做好新时代社区的“大管家”——记滨海新区泰达街道华纳社区党委书记、居委会主任刘红霞》,《天津日报》2019 年 9 月 25 日第 2 版。

[80] 汪善翔:《社区减负增效:困局、成因与治理——基于舟山市城市社区的调查与分析》,《浙江海洋学院学报(人文科学版)》2015 年第 3 期。

[81]　王春兰、袁明符:《我国社区志愿服务的品牌化发展探讨》,《重庆工商大学学报(社会科学版)》2011 年第 4 期。

[82]　王轲:《中国城市社区治理创新的特征、动因及趋势》,《城市问题》2019 年第 3 期。

[83]　王名等:《社会组织与社会治理》,社会科学文献出版社 2014 年版。

[84]　王思斌:《"三社联动"的逻辑与类型》,《中国社会工作》2016 年第 4 期。

[85]　王巍:《国家—社会分析框架在社区治理结构变迁研究中的应用》,《江苏社会科学》2009 年第 4 期。

[86]　王譞:《社区志愿服务发展研究——以北京、天津、重庆城市社区志愿服务为例》,《北京城市学院学报》2012 年第 5 期。

[87]　王学梦、李敏:《接纳、嵌入与融合:"三社联动"的内在机理与关系建构》,《治理研究》2018 年第 6 期。

[88]　王艳:《社区志愿服务组织与激励的制度分析》,《社会》2003 年第 1 期。

[89]　王燕锋:《去机构化的多元服务:英国城市社区治理现状与经验》,《浙江学刊》2008 年第 5 期。

[90]　王颖、折晓叶、孙炳耀:《社会中间层——改革与中国的社团组织》,北京:中国发展出版社 1993 年版。

[91]　魏娜:《我国城市社区治理模式:发展演变与制度创新》,《中国人民大学学报》2003 年第 1 期。

[92]　魏姝:《中国城市社区治理结构类型化研究》,《南京大学学报(哲学·人文科学·社会科学版)》2008 年第 4 期。

[93]　吴光芸:《利益相关者合作逻辑下的我国城市社区治理结构》,《城市发展研究》2007 年第 1 期。

[94] 吴江、范炜烽:《“三社联动”社区治理模式的反思与提升》,《云南社会科学》2018年第6期。

[95] 吴群刚、孙志祥:《中国式社区治理》,中国社会出版社2011年版。

[96] 吴素雄、陈字、吴艳:《社区社会组织提供公共服务的治理逻辑与结构》,《中国行政管理》2015年第2期。

[97] 吴素雄、郑卫荣、杨华:《社区社会组织的培育主体选择:基于公共服务供给二次分工中居委会的局限性视角》,《管理世界》2012年第6期。

[98] 吴显连、叶雪霞:《家庭式参与让社区志愿服务更具活力》,《中国社会工作》2017第28期。

[99] 吴亦明:《弱势群体社区志愿服务的参与认同及其意义》,《中国青年政治学院学报》2005年第4期。

[100] 伍发均、李辉、俞书斌:《宜昌市伍家岗区 公益创投为社区治理添加新动力》,《中国社会组织》2019年第16期。

[101] 夏建中、张菊枝:《我国城市社区社会组织的主要类型与特点》,《城市观察》2012年第2期。

[102] 夏建中:《美国社区的理论与实践研究》,中国社会出版社2009年版。

[103] 夏建中:《中国城市社区治理结构研究》,中国人民大学出版社2012年版。

[104] 夏建中等:《社区社会组织发展模式研究:中国与全球经验分析》,中国社会出版社2011年版。

[105] 谢立黎:《中国城市老年人社区志愿服务参与现状与影响因素研究》,《人口与发展》2017年第1期。

[106] 谢泽宪:《行政化倾向,发展社会志愿服务的主要障

碍——上海市浦东新区社区志愿服务的调查与思考》,《社会》2003 年第 1 期。

[107]　辛华、王猛:《三重矛盾:我国社区志愿服务的困境与破解》,《社会建设》2016 年第 1 期。

[108]　徐家良、武静:《我国城市社区社会组织的现实困境及其破解思路》,《上海城市管理》2015 年第 3 期。

[109]　徐建宇:《城市社区治理的价值原则、生活叙事和伦理意蕴研究》,《河南大学学报(社会科学版)》2018 年第 3 期。

[110]　徐林、许鹿、薛圣凡:《殊途同归:异质资源禀赋下的社区社会组织发展路径》,《公共管理学报》2015 年第 4 期。

[111]　徐选国、徐永祥:《基层社会治理中的"三社联动":内涵、机制及其实践逻辑——基于深圳市 H 社区的探索》,《社会科学》2016 年第 7 期。

[112]　徐永祥、曹国慧:《"三社联动"的历史实践与概念辨析》,《云南师范大学学报(哲学社会科学版)》2016 年第 2 期。

[113]　徐祖荣:《论社会资本的资源整合与社区志愿服务的开展——从社会管理创新的视角分析》,《黑龙江社会科学》2013 年第 1 期。

[114]　许卉:《"四社互动"推动社区治理》,《滨海时报》2019 年 8 月 2 日第 9 版。

[115]　杨爱平、余雁鸿:《选择性应付:社区居委会行动逻辑的组织分析——以 G 市 L 社区为例》,《社会学研究》2012 年第 4 期。

[116]　杨贵华:《对当前我国社区民间组织建设的思考》,《科学社会主义》2005 年第 2 期。

[117]　杨小云:《论治理视域中的社区志愿服务体系建设》,《长春理工大学学报(社会科学版)》2016 年第 6 期。

[118] 姚迈新:《"枢纽型"社会组织:目标偏离与防范》,《广东行政学院学报》2014 年第 1 期。

[119] 叶南客、陈金城:《我国"三社联动"的模式选择与策略研究》,《南京社会科学》2010 年第 12 期。

[120] 叶南客:《"三社联动"的内涵拓展、运行逻辑与推进策略》,《理论探索》2017 年第 5 期。

[121] 尹志刚、李泓:《关于构建"枢纽型"社会组织工作体系的调查与思考》,《北京行政学院学报》2009 年第 6 期。

[122] 英达:《我国第一个居民社区服务志愿者协会诞生》,《社会》1991 年第 3 期。

[123] 余逸群:《论社区志愿服务的作用》,《北京青年政治学院学报》2008 年第 4 期。

[124] 郁建兴、金蕾:《社区社会组织在社会管理中的协同作用——以杭州市为例》,《经济社会体制比较》2012 年第 4 期。

[125] 翟雁、宋煜:《中国社区志愿服务发展报告》,载中国志愿服务联合会编著《志愿服务蓝皮书:中国志愿服务发展报告(2017)》,社会科学文献出版社 2017 年版。

[126] 张金岭:《法国社团组织的现状与发展》,载黄晓勇主编《民间组织蓝皮书:中国民间组织报告(2011—2012)》,社会科学文献出版社 2012 年版。

[127] 张静主编:《社会组织化行为:案例研究》,社会科学文献出版社 2018 年版。

[128] 张平、商爽:《城市社区权力结构的现实样态及其优化——基于社会网络分析的视角》,《北京行政学院学报》2019 年第 1 期。

[129] 张勤、武志芳:《社会管理创新中社区志愿服务利益表达

的有效性》,《理论探讨》2012 年第 6 期。

[130] 张姝:《社区社会组织"开花结果"》,《滨海时报》2016 年 1 月 16 日第 1 版。

[131] 张网成、张晓、郑瑾:《推动家庭式志愿服务兑换 创新社区志愿服务发展模式》,《社会治理》2017 年第 4 期。

[132] 张艳国:《牢牢牵住"减负增效"这个社区治理的牛鼻子》,《中国民政》2015 年第 23 期。

[133] 张翼主编:《社会组织与社会治理》,经济管理出版社 2016 年版。

[134] 张振宇、沈蓓绯:《大学生社区志愿服务深化发展的思考——以美国学校服务学习为鉴》,《中国青年政治学院学报》2011 年第 3 期。

[135] 张祖平:《社区志愿服务中心运作模式研究:以上海市闸北区为例》,《青年学报》2016 年第 1 期。

[136] 赵定东、俞犁鲲:《社区减负:何以可能又何以为之——基于杭州市余杭区社区减负的实践分析》,《中国民政》2015 年第 23 期。

[137] 赵怀娟、夏伟:《社区志愿服务品牌建设:经验、问题与对策——以 W 市"一米阳光"为例》,《理论导刊》2013 年第 7 期。

[138] 赵罗英、夏建中:《社会资本与社区社会组织培育——以北京市 D 区为例》,《学习与实践》2014 年第 3 期。

[139] 赵小平、孔祥利、卢玮静:《精英组织参与城市社区社会组织培育:模式特征与策略选择》,《新视野》2014 年第 3 期。

[140] 周雪光:《基层政府间的"共谋现象"——一个政府行为的制度逻辑》,《社会学研究》2008 年第 6 期。

[141] 周宇宏:《城市社区社会组织发展面临的主要难题》,《中

国社会报》2015 年 1 月 26 日第 2 版。

[142] 朱红权、王凤丽:《英美国家及中国香港地区成功社区服务经验启示》,《经济研究导刊》2011 年第 27 期。

[143] 朱仁显、邬文英:《从网格管理到合作共治——转型期我国社区治理模式路径演进分析》,《厦门大学学报(哲学社会科学版)》2014 年第 1 期。

[144] 曾天雄、卢爱国:《分开与合作:社区志愿服务机制创新研究》,《湘潭大学学报(哲学社会科学版)》2014 年第 1 期。

[145] Anthony J. Spires, "Contingent Symbiosis and Civil Society in an Authoritarian State: Understanding the Survival of China's Grassroots NGOs." *American Journal of Sociology*, Vol. 117, No. 1, 2011.

[146] Charles Taylor, "Modes of Civil Society." *Public Culture*, Vol. 3, Iss. 1, 1990.

[147] Elinor Ostrom, *Governing the Commons: The Evolution of Institutions for Collective Action*. Cambridge: Cambridge University Press, 1990.

[148] Gordon White, "Prospects for Civil Society in China: A Case Study of Xiao shan City." *The Australian Journal of Chinese Affairs*, No. 29, Jan., 1993.

[149] Heath B. Chamberlain, "On the Search for Civil Society in China." *Modern China*, Vol. 19, No. 2, 1993.

[150] Jessica C. Teets, "Let Many Civil Societies Bloom: The Rise of Consultative Authoritarianism in China." *The China Quarterly*, No. 213, Mar., 2013.

[151] Jonathan Unger, Anita Chan, "China, Corporatism, and the East Asian Model." *The Australian Journal of Chinese Affairs*, No.

33,1995.

[152] Kang Xiaoguang & Han Heng, "Administrative Absorption of Society: A Further Probe into the State – Society Relationship in Chinese Mainland." *Social Sciences in China*, No. 2, 2007.

[153] Kenneth W. Foster, "Embedded within State Agencies: Business Associations in Yantai." *The China Journal*, No. 47, Jan., 2002.

[154] Margaret M. Pearson, "The Janus Face of Business Associations in China: Socialist Corporatism in Foreign Enterprises." *The Australian Journal of Chinese Affairs*, No. 31, Jan., 1994.

[155] Mark Granovetter, "Economic Action and Social Structure: The Problem of Embeddedness." *American Journal of Sociology*, Vol. 91, No. 3, 1985.

[156] Tony Saich, "Negotiating the State: The Development of Social Organizations in China." *The China Quarterly*, No. 161, 2000.

附 录[①]

天津市社会组织发展研究报告(2021)[②]

“社会组织,又称‘非政府组织’‘非营利组织’或‘民间组织’,是区别于政府组织、企业组织的具有非政府性、非营利性等特征的新的组织形态。”[③]在我国,“从2006年中共十六届六中全会开始,官方开始正式采纳‘社会组织’的称谓,并将传统上的‘民间组织’纳入了创

① 附录收录了笔者近年来发表的四篇有关天津社会组织研究的论文,其中一篇是从整体角度观察天津社会组织的培育发展状况,其他三篇从社会组织的不同类别角度切入,具体分析了天津社会团体、民办非企业单位、脱钩行业协会商会发展情况及面临的问题和对策建议。这四篇文章既是对笔者研究天津社会组织发展的阶段性记录,也是对观察、理解天津社区社会组织培育发展及社区社会组织参与基层社会治理创新的一种补充。另外,附录里还收录了《天津市民政局关于大力培育发展社区社会组织的指导意见》(津民发〔2018〕61号)、《天津市社区公益事业专项补助经费使用管理办法》(津民发〔2019〕11号),这两个政策文件与天津培育发展社区社会组织的实践密切相关,特此收录以供进一步认识天津社区社会组织培育发展的改革环境。

② 原文载于靳方华、钟会兵主编:《天津社会发展报告(2021)》,天津社会科学院出版社2021年版。

③ 王名:《社会组织论纲》,社会科学文献出版社2013年版,第156页。

新社会管理、构建和谐社会的工作大局”①。一定程度上讲,我国社会组织的成长、发展与变化,见证了我国社会转型与变迁、社会建设与治理波澜壮阔的历史进程。实践表明,社会组织是我国社会主义现代化建设的重要力量,特别是随着全面深化改革的推进,其地位和作用越发凸显。2020年是天津全面建成高质量小康社会的收官之年,也是天津推动社会组织高质量发展迈出坚实步伐的收获之年。这一年,天津社会组织以自身独特的方式和行动,积极参与脱贫攻坚、新冠肺炎疫情防控、社会治理创新等,在服务国家、服务社会、服务群众、服务行业中发挥了应有作用和价值,为推动中国特色社会组织发展贡献了天津之为。

一、天津市社会组织发展现状分析②

截至2020年3季度,天津市有社会组织5898个,其中社会团体2328个、民办非企业单位3467个、基金会103个。③ 另外,从特定领域或类别的社会组织发展情况来看,截至2020年6月,天津市市属直接登记和已脱钩行业协会商会的数量为332个。④ 据2020年10月26日笔者在慈善中国网站上查询了解,目前天津登记认定的慈善组织有135个⑤。

2020年,天津积极培育发展社会组织,社会组织发展质量和效益

---

① 李文主编:《中华人民共和国社会史(1949—2012)》,当代中国出版社2016年版,第334页。

② 此部分主要聚焦市级社会组织的基本情况和典型实践,在具体分析讨论中主要涉及社会团体、社会服务机构(民办非企业单位)和基金会三类社会组织。

③ 《2020年3季度民政统计分省数据》,中华人民共和国民政部网站,2020年11月6日,http://www.mca.gov.cn/article/sj/tjjb/sjsj/2020/202011/20201106003.html。

④ 《天津市市属直接登记和已脱钩行业协会商会名单》,天津社会组织公共服务平台,2020年6月12日,http://mz.tj.gov.cn/ZTZL7295/ZTZL9993/TJSHZZGGFWPT8299/SY5882/TZGG1129/202008/t20200805_3384310.html。

⑤ 慈善组织查询,慈善中国网站,http://cishan.chinanpo.gov.cn/biz/ma/csmh/a/csmhaindex.html,检索日期为2020年10月26日。

稳步提高，社会组织参与重大实践的形式逐渐丰富，社会组织积极作用的发挥日益明显。可以说，随着社会治理体系和治理能力现代化建设的深入开展，作为推动天津经济社会协调发展的重要主体，天津社会组织所承担的使命和责任将会更大。

（一）社会组织培育、管理水平不断提升

积极推进社会组织扶持培育工作，充分发挥社会组织孵化载体功能。从2020年7月22日召开的社会组织孵化培育工作部署会上了解，此次经过入孵申请、审核评定程序，共有44家社会组织入孵，入孵的社会组织将依托天津市社会组织党群活动服务中心、市社会组织服务管理中心提供的基础设施、专业培训、专家指导、信息平台等多项助力支持性服务，补齐阻碍发展的短板，提升社会组织服务与自身发展能力。① 继续开展社会组织公益创投活动，进一步激发社会组织发展活力。2020年10月，启动2020年天津市社会组织公益创投活动，此次社会组织公益创投项目分为社会组织独立申报项目和社会组织组团申报项目，资助资金为天津市福利彩票公益金，项目申报范围严格按照"四助"，即助老、助残、助困、助孤，主要包括公共服务类、社工服务类、社区服务类、社会组织扶持发展类等。② 动员和引导社会组织参与社会治理，充分发挥社会组织在社会治理体系中的重要作用，促进政府治理和社会调节、居民自治良性互动。

推动社会组织管理工作"放管服"改革，围绕创新方式方法、简化年检手续、灵活安排调整、提高工作效率、提升服务能力的目标要求，扎实开展市属社会团体、社会服务机构年报工作，如参加年度报告网

---

① 《市民政局（社管局）部署社会组织孵化培育工作》，天津社会组织动态（微信公众号），2020年7月23日。

② 《天津市民政局关于征集2020年天津市社会组织公益创投项目的预通知》，天津社会组织公共服务平台，2020年10月23日，http://mz.tj.gov.cn/ZTZL7295/ZTZL9993/TJSHZZGGFWPT8299/SY5882/GQDT307/202010/t20201023_3995633.html。

上填报的市属社会团体、社会服务机构,不再需要向民政部门报送纸质年度工作报告书;有业务主管单位的市属社会团体、社会服务机构在网上报送的年度工作报告和年度审计报告,将通过新系统同步报送至业务主管单位审核、备案;市属社会团体、社会服务机构提交年度工作报告后,民政部门通过信息平台、互联网和其他便于公众查询的方式向社会公开年度工作报告内容。① 为进一步加强社会组织监督管理,规范社会组织行为,2020 年 6 月至 9 月,天津市民政局开展了社会组织抽查审计工作,此次共抽查审计市级社团、民办非企业单位 50 家,其中社会团体 30 家、民办非企业单位 20 家。② 严格开展社会组织风险排查,严厉打击非法社会组织。强化法治意识,坚持依法行政,切实履行好登记审查、日常管理与执法监督职责。总体而言,一年来,天津社会组织孵化、登记、管理、执法、评估等各项工作扎实有序开展,严格监管与培育支持同步推进,社会组织承接政府购买服务能力明显提升,广大社会组织服务天津经济社会发展的环境不断优化。

（二）社会组织参与新冠肺炎疫情防控作用积极

新冠肺炎疫情发生后,天津社会组织根据自身组织特征和组织优势,迅速开展行动,担当作为,通过多种形式积极参与疫情防控,为疫情防控取得阶段性胜利以及统筹推进常态化疫情防控贡献了力量。2020 年 1 月 29 日,天津市民政局发布《关于动员社会组织依法有序参与新型冠状病毒感染的肺炎疫情防控阻击战的倡议书》,号召广大社会组织积极参与疫情防控,提出强化战斗意识,充分发挥党组织的战斗堡垒作用和党员的先锋模范作用;强化大局意识,充分发挥社会组

① 《天津市民政局关于开展市属社会团体和市属社会服务机构 2019 年度报告工作的通知》,天津社会组织公共服务平台,2020 年 6 月 2 日,http://mz. tj. gov. cn/ZTZL7295/ZTZL9993/TJSHZZG-GFWPT8299/XWZX7600/ZWXW7258/202008/t20200805_3387061. html。

② 《天津市民政局关于开展 2019 年度市级社团、民非抽查审计的通知》,天津社会组织公共服务平台,2020 年 6 月 2 日,http://mz. tj. gov. cn/ZTZL7295/ZTZL9993/TJSHZZGGFWPT8299/XWZX7600/ZWXW7258/202008/t20200805_3387062. html。

织联防联控作用;强化服务意识,发挥社会组织依法有序参与疫情防控的治理作用等倡议。① 为进一步做好社会组织参与疫情防控工作,天津市民政局还对不同类别的社会组织进行了有针对性的指导并发出倡议。如针对社会服务机构面向公众易产生人员聚集的特点,开展了市属社会服务机构疫情防控专项访查工作,通过采用电话问询与实地走访相结合的方式访查了143家社会服务机构,重点访查对象为非国办博物馆、培训机构、特殊教育为主的人员聚集型社会服务机构。② 又如对市属行业协会商会做好疫情防控提出了具体意见,进一步规范行业协会商会有序参与疫情防控。③ 再如针对社会工作服务机构、志愿服务组织、社会工作者、志愿者,提出了"服从安排部署,立足本地开展工作;发挥自身优势,参与社区防控工作;发挥专业优势,做好心理支持和情绪疏导工作;提供精准服务,做好弱势群体关爱帮扶工作;强化社会责任,科学理性传播信息;链接社会资源,依法做好动员工作"等倡议。④

随着疫情防控形势的发展,为推动经济正常运行,复工复产工作被提上重要日程,为此,天津市民政局向市属各行业协会商会发出了以提高政治站位、加强行业指导、服务企业发展、勇于变危为机为主要

① 《天津市民政局关于动员社会组织依法有序参与新型冠状病毒感染的肺炎疫情防控阻击战的倡议书》,天津社会组织公共服务平台,2020年1月30日,http://mz.tj.gov.cn/ZTZL7295/ZTZL9993/TJSHZZGGFWPT8299/XWZX7600/ZWXW7258/202008/t20200805_3387019.html。

② 《天津市民政局(市社管局)开展市属社会服务机构疫情防控专项访查工作》,天津社会组织公共服务平台,2020年2月13日,http://mz.tj.gov.cn/ZTZL7295/ZTZL9993/TJSHZZGGFWPT8299/XWZX7600/ZWXW7258/202008/t20200805_3387020.html。

③ 《天津市民政局(市社管局)关于市属行业协会商会进一步做好新型冠状病毒肺炎防控工作的指导意见》,天津社会组织公共服务平台,2020年2月13日,http://mz.tj.gov.cn/ZTZL7295/ZTZL9993/TJSHZZGGFWPT8299/XWZX7600/ZWXW7258/202008/t20200805_3387022.html。

④ 《天津市民政局关于社会工作服务机构、志愿服务组织、社会工作者、志愿者依法有序参与疫情防控工作的倡议书》,天津社会组织公共服务平台,2020年2月13日,http://mz.tj.gov.cn/ZTZL7295/ZTZL9993/TJSHZZGGFWPT8299/XWZX7600/ZWXW7258/202008/t20200805_3387023.html。

内容的倡议，进一步发挥行业协会商会作用，指导帮助企业复工复产。① 广大行业协会商会积极响应倡议，根据自身情况，或主动链接资源，或提供物质保障，通过多种形式助力疫情防控和复工复产。如疫情期间天津市医药商业协会积极引导会员加大医药物资储备，志愿承担医药物资储运调配，维护医药市场价格秩序稳定；天津市安全生产管理协会和天津市化学试剂行业协会帮助会员企业申报生产消毒液行政许可，组织会员企业捐赠消毒用品，尽全力保障复工复产等。②

从2020年3月18日举行的第99场天津市新型冠状病毒肺炎疫情防控工作新闻发布会上了解，截至目前，全市社会组织及所属会员单位捐赠总额达9.5亿元，全市基金会、红十字会、慈善协会等慈善组织接受捐赠6.3亿元。③ 为进一步支持疫情防控工作，规范捐赠款物的管理、安排和使用，增列天津市南开区红十字会、天津市河北区红十字会、天津市红桥区红十字会、天津开发区慈善协会等社会组织为接受境外慈善捐赠受赠人，以此更广泛地动员社会力量助力打赢疫情防控阻击战。④ 整体来看，天津各类社会组织参与疫情防控，一般都结合自身优势和特点，特别突出专业性、联合性、志愿性等。如天津市易欣向上社会工作服务中心等30家社会服务机构，发起“抗疫情，安民心，心理支持在行动”志愿服务活动，200多名志愿者分7个小组为市民

---

① 《天津市民政局（市社管局）关于在疫情防控期间进一步发挥行业协会商会作用指导帮助企业复工复产的倡议书》，天津社会组织公共服务平台，2020年2月25日，http://mz.tj.gov.cn/ZTZL7295/ZTZL9993/TJSHZZGGFWPT8299/XWZX7600/ZWXW7258/202008/t20200805_3387028.html。

② 《市民政局（市社管局）疫情期间走访调研我市行业协会》，天津社会组织公共服务平台，2020年3月17日，http://mz.tj.gov.cn/ZTZL7295/ZTZL9993/TJSHZZGGFWPT8299/XWZX7600/ZWXW7258/202008/t20200805_3387030.html。

③ 《市民政局：全市社会组织及所属会员单位捐赠总额达9.5亿元》，天津社会组织公共服务平台，2020年3月20日，http://mz.tj.gov.cn/ZTZL7295/ZTZL9993/TJSHZZGGFWPT8299/XWZX7600/ZWXW7258/202008/t20200805_3387032.html。

④ 《天津市民政局关于增列区级慈善组织为受赠人的函》，天津社会组织公共服务平台，2020年2月21日，http://mz.tj.gov.cn/ZTZL7295/ZTZL9993/TJSHZZGGFWPT8299/SY5882/TZGG1129/202008/t20200805_3384285.html。

提供免费心理测评，服务超过5万人次；天津市社会工作协会等55家社会组织联合发起“筑牢心理防线、打造安心社区”专项行动，为社区工作者提供心理援助志愿服务；天津蓝天应急救援志愿服务中心自筹设备、车辆成立公益消杀小组，持续深入医院、车站、社区等公共场所进行预防性消杀，已完成473.99万平方米消杀作业，受益人数280477人。[①] 总之，天津广大社会组织已成为天津抗击疫情的重要力量，它们通过多种方式有序参与疫情防控并发挥了其应有的社会功能和积极作用。

（三）社会组织助力脱贫攻坚成效显著

2020年，天津社会组织紧扣决胜全面建成小康社会、决战脱贫攻坚任务目标，通过捐赠物资资金、实施帮扶项目等多种途径参与脱贫攻坚，取得了良好社会反响。积极引导社会组织履行社会责任，发挥自身专长和优势，推动并形成了以基金会等公益慈善组织为骨干力量，社会团体、社会服务机构、社工机构和志愿服务组织共同参与的帮扶格局，特别是以募集能力强、资金量大的基金会为抓手，引导基金会将年度公益支出用于东西部扶贫协作与对口支援地区的扶贫项目。[②] 据2020年7月7日天津社会组织公共服务平台发布的信息显示，截至目前，天津市基金会已完成扶贫项目认领89个，认领公益帮扶资金已达2100万元，扶贫项目类型涉及民生保障、基础设施、教育助学、产业发展、医疗救助等多个领域。[③]

为营造“脱贫攻坚我有责，人人参与献爱心”社会氛围，助力脱贫

① 《市民政局：全市社会组织及所属会员单位捐赠总额达9.5亿元》，天津社会组织公共服务平台，2020年3月20日，http://mz.tj.gov.cn/ZTZL7295/ZTZL9993/TJSHZZGGFWPT8299/XWZX7600/ZWXW7258/202008/t20200805_3387032.html。

② 《“天津公益行”走进西藏》，天津社会组织动态（微信公众号），2020年9月17日。

③ 《天津市民政局组织全市基金会投入2100万助力脱贫攻坚》，天津社会组织公共服务平台，2020年7月7日，http://mz.tj.gov.cn/ZTZL7295/ZTZL9993/TJSHZZGGFWPT8299/XWZX7600/ZWXW7258/202008/t20200805_3387071.html。

攻坚,2020 年 4 月,天津发布社会组织助力决战决胜脱贫攻坚倡议书,提出让党旗在社会组织参与决战决胜脱贫攻坚的前沿高高飘扬、助力对口帮扶地区高质量完成脱贫攻坚任务、尽锐出战帮扶挂牌督战贫困村等倡议,号召全市社会组织要以更大决心、更强力度助力天津市挂牌督战的 3 个未摘帽县、46 个深度贫困村的结对帮扶工作。① 深入开展社会组织助力脱贫攻坚项目,着力解决对口支援地区"两不愁三保障"突出问题。据 2020 年 9 月 26 日天津社会组织动态(微信公众号)发布的信息显示,目前社会组织认领公益帮扶资金已达 3500.49 万元,市属社会组织已与天津市对口的 46 个挂牌督战村全部达成结对关系,涉及社会组织 96 家,认领项目 55 个,资金总额达 420.48 万元,帮扶领域涵盖扶老助老、助学助教、扶残助残、医疗卫生、文化体育等诸多方面。②

继续开展"天津公益行"活动,充分调动社会组织的主动性和积极性。据了解,天津市民政局动员社会组织帮扶甘肃省贫困县捐赠仪式在甘肃省庆阳市镇原县举行,2020 年"天津公益行"就此拉开帷幕,31 家社会组织捐赠资金 1426 万元,帮扶项目 32 个,项目对接镇原县、迭部县、靖远县,帮扶内容涉及扶老助老、助学助教、扶残助残、医疗卫生等领域。③ 用心用情助力西藏脱贫攻坚,开展了"天津公益行"西藏扶贫系列活动。2020 年天津市基金会认领了西藏昌都市卡若区、江达县、贡觉县、丁青县、边坝县扶贫需求项目 20 个,涉及 18 家基金会,投

① 《听党话 跟党走 凝心聚力 再展作为——天津市社会组织助力决战决胜脱贫攻坚倡议书》,天津社会组织公共服务平台,2020 年 4 月 30 日,http://mz.tj.gov.cn/ZTZL7295/ZTZL9993/TJSHZZGGFWPT8299/XWZX7600/ZWXW7258/202008/t20200805_3387048.html。

② 《脱贫助困,市区两级社会组织持续加力!》,天津社会组织动态(微信公众号),2020 年 9 月 26 日。

③ 《天津社会组织捐赠 1426 万助力甘肃省镇原县脱贫攻坚暨 2020"天津公益行"启动》,天津社会组织公共服务平台,2020 年 9 月 14 日,http://mz.tj.gov.cn/ZTZL7295/ZTZL9993/TJSHZZGGF-WPT8299/XWZX7600/ZWXW7258/202009/t20200914_3654871.html。

入帮扶资金总额共821.89万元。① 扎实推进东西部扶贫协作，引导社会组织力量向困难群众生活需求倾斜。如天津市慈善协会开展的脱贫帮扶项目“关爱儿童之家”，缓解留守儿童的心理焦虑，帮助提高学习成绩等；天津市妇女儿童发展基金会设立了“单亲困难母亲创业循环金”，帮扶贫困地区单亲困难母亲就业增收；天津市律师协会定期组织律师服务团队到受援地区开展法律援助服务，并通过专项培训、人才交流等方式，在当地建立起一支“留得住”的律师队伍。② 总的来看，天津社会组织助力脱贫攻坚所取得的成绩有目共睹，通过参与脱贫攻坚实践进一步彰显了自身的使命和担当。

（四）行业协会商会与行政机关脱钩改革稳步推进

推进行业协会商会与行政机关脱钩是天津社会组织改革实践领域的一项重要任务，也是进一步规范政社关系的有力举措。2020年天津行业协会商会与行政机关脱钩工作，在改革创新、稳中求进的指引下，围绕“五分离、五规范”（机构分离，规范综合监管关系；职能分离，规范行政委托和职责分工关系；资产财务分离，规范财产关系；人员管理分离，规范用人关系；党建、外事等事项分离，规范管理关系）分批次、有步骤全面推开。充分认识行业协会商会脱钩工作的重要性和紧迫性，稳步开展去行政化制度建设，确保脱钩工作涉及的党建工作、机构调整、资产管理等各项任务有序开展。2020年5月，对市、区两级行业协会商会脱钩名单进行公示，涉及行业协会商会市级203家、区级284家。③ 提前谋划，周密部署，对市属直接登记和已脱钩行业协会商会开展收费清查工作，积极开展清理和规范行业协会商会涉企收费

① 《“天津公益行”走进西藏》，天津社会组织动态（微信公众号），2020年9月17日。

② 《涓滴而成河——天津社会力量助力东西部扶贫协作见闻》，新华网，http://www.xinhuanet.com/2020-08/03/c_1126320198.htm。

③ 《关于对市、区两级行业协会商会脱钩名单的公示》，天津社会组织公共服务平台，2020年5月27日，http://mz.tj.gov.cn/ZTZL7295/ZTZL9993/TJSHZZGGFWPT8299/XWZX7600/ZWXW7258/202008/t20200805_3387056.html。

行为,从会费管理、经营服务性收费、行政事业性收费、评比达标表彰活动、发展会员行为等方面进一步规范行业协会商会涉企收费。① 为确保行业协会商会改革转型平稳有序,建立健全了联动服务机制,促进行业协会商会转型发展。总之,随着脱钩改革的深入推进以及相关政策的落地实施,天津行业协会商会活力得以进一步激发、服务功能得以进一步增强。

(五)社会组织党建工作扎实开展

天津高度重视社会组织党建工作,通过建强组织堡垒,切实发挥政治核心作用,引导社会组织听党话、跟党走,不断促进社会组织健康发展。积极开展社会组织党建实践活动,如在社会组织中深入开展党史、新中国史、改革开放史、社会主义发展史学习教育,将学习教育情况纳入 2020 年度社会组织党建工作标准化考评;②践行社会主义核心价值观,坚决制止餐饮浪费行为,2020 年 8 月 20 日,中共天津市社会组织委员会向全市社会组织提出“厉行勤俭节约、反对餐饮浪费”的倡议;③开展爱国主义教育,2020 年 10 月 15 日,天津市社会组织党委组织社会组织党组织书记、社会组织负责人及新的社会阶层人士来到天津美术馆,参观“国家荣誉——中国女排精神展”,进一步凝心聚力。④

另外,还围绕疫情防控、脱贫攻坚等适时开展社会组织党建实践。

---

① 《天津市民政局关于开展市属直接登记和已脱钩行业协会商会涉企收费清查工作的通知》,天津社会组织公共服务平台,2020 年 6 月 12 日,http://mz.tj.gov.cn/ZTZL7295/ZTZL9993/TJSHZZGGFWPT8299/XWZX7600/ZWXW 7258/202008/t20200805_3387064.html。

② 《在社会组织中深入开展党史、新中国史、改革开放史、社会主义发展史学习教育的方案》,天津社会组织公共服务平台,2020 年 8 月 12 日,http://mz.tj.gov.cn/ZTZL7295/ZTZL9993/TJSHZZGGFWPT8299/XWZX7600/ZWXW7258/202008/t20200827_3565734.html。

③ 《天津市社会组织“厉行勤俭节约、反对餐饮浪费”倡议书》,天津社会组织公共服务平台,2020 年 8 月 21 日,http://mz.tj.gov.cn/ZTZL7295/ZTZL9993/TJSHZZGGFWPT8299/XWZX7600/ZWXW7258/202008/t20200827_3565738.html。

④ 《天津市社会组织党委组织参观“国家荣誉——中国女排精神展”》,天津社会组织公共服务平台,2020 年 10 月 19 日,http://mz.tj.gov.cn/ZTZL7295/ZTZL9993/TJSHZZGGFWPT8299/DJXX8115/202010/t20201019_3955090.html。

开展“党旗引领献爱心、众志成城抗疫情”特殊党日活动，进一步发挥社会组织党组织战斗堡垒作用和共产党员先锋模范作用，让党员干部在防控疫情斗争第一线经受考验，为打赢疫情防控阻击战提供坚强政治保证，如天津市快递协会党总支、天津市物业协会秘书处党支部、天津市旅游协会党支部等开展多种形式活动，助力疫情防控①。天津市社会组织党委制定《关于党建引领所属社会组织向新疆和田地区于田县助力帮扶挂牌督战村脱贫项目的工作方案》，以“党建引领社会组织向新疆和田地区于田县助力帮扶”为主题，号召社会组织参与消费扶贫、引导公益组织建立网络平台，已帮助销售农产品近 20 万元，另达成 20 万的销售意向，带动当地千余户困难群众实现增收。② 整体而言，通过开展主题鲜明、内涵丰富、形式多样的党建实践，使社会组织党建工作能力和水平不断提升，以党建引领社会组织高质量发展的成效日益显著。

二、天津社会组织发展面临的挑战

总体来看，天津社会组织发展势头持续向好，支持引导社会组织发展的环境持续改善。但同时也应看到，与全面深化改革的要求相比、与社会治理体系和治理能力现代化的目标相比、与“五个现代化天津”建设的进程相比，天津社会组织发展还面临着一些挑战，如社会组织发展结构不够合理、自身能力相对不足等问题严重制约着社会组织功能和作用的进一步发挥，社会组织监督管理与培育发展、秩序与活力之间的失衡问题仍难以较好化解，支撑社会组织发展所需的协同性

---

① 《天津市社会组织党组织持续开展“党旗引领献爱心、众志成城抗疫情”特殊党日活动》，天津社会组织公共服务平台，2020 年 4 月 24 日，http://mz.tj.gov.cn/ZTZL7295/ZTZL9993/TJSHZZGGFWPT8299/XWZX7600/ZWXW7258/202008/t20200805_3387046.html。

② 《天津市社会组织党委率部分社会组织党组织负责人赴疆考察对接消费扶贫工作》，天津社会组织公共服务平台，2020 年 6 月 28 日，http://mz.tj.gov.cn/ZTZL7295/ZTZL9993/TJSHZZGGFWPT8299/XWZX7600/ZWXW7258/202008/t20200805_3387067.html。

治理条件和社会氛围还没有充分形成，社会组织的成长空间与制度环境亟需进一步优化。

（一）社会组织管理效能和手段有待提升

随着社会组织发展形势变化以及社会组织在社会建设、社会治理等领域作用的凸显，对社会组织管理提出了一些新课题，也有了更高要求。从深化社会组织改革进程看，天津社会组织管理的工作机制亟待完善，一些社会组织管理的制度安排还存在衔接不顺问题，一些政策落实还不够细致，特别是有的政策指导性、实效性和操作性不强，因而影响了社会组织管理效能的充分发挥。社会组织信息化建设亟待加强，社会组织管理服务中的科技性因素支撑不够，特别是智能化手段缺乏。社会组织统计工作、调查研究等存在薄弱环节。

（二）社会组织扶持培育机制亟待完善

激发社会发展活力，促进社会组织健康发展，对社会组织进行扶持培育、积极引导是十分必要的。从创新发展来看，天津社会组织扶持培育工作亟待加强，尤其是社会组织扶持培育政策的“顶层设计”相对不足，致使培育政策的可持续性和前瞻性不强。社会组织扶持培育方式较为单一、缺乏创新，给予社会组织发展所必需的人、财、物支撑相对不足，难以形成支持社会组织发展的强大合力。社会组织自身建设亟待加强，部分社会组织缺乏有效的内部治理机制，导致开展活动不规范，主要表现为不按照章程开展活动、不按时年报、不及时公布信息等。社区社会组织培育质量有待加强，引导社区社会组织参与社区治理的方式和手段缺乏创新。

（三）社会组织党建工作仍需加强

相对来说，社会组织党建工作开展的时间不长、经验不多。从全面从严治党向基层延伸来看，社会组织党建工作还需要加大力度、不断探索创新，特别是对社会组织党建工作规律的认识亟待加强。当前,社会组织党建工作面临的突出问题集中表现在社会组织党组织作用发挥不够充分,具体表现主要有:阵地意识不够强,组织生活实效性较为缺乏,社会组织党务工作者数量不足、能力不强等。

三、以制度建设为核心,推动新时代天津社会组织迈向高质量发展

2021年是“十四五”的开局之年,做好新时代天津社会组织工作,要以党的政治建设为统领,深刻把握新阶段、新特征,以高质量为指引,以制度建设为核心,进一步优化社会组织发展制度环境,全面深化社会组织改革,推动天津社会组织走可持续健康发展之路。

(一)进一步加强社会组织管理服务

全面开创新时代天津社会组织发展新局面,进一步完善社会组织管理体制,健全社会组织协同治理工作机制,积极推进社会组织领域政务服务规范化、标准化、智能化、便利化建设。深化社会组织登记审批制度改革,积极做好直接登记和双重管理相关工作。加强从事社会组织管理人才队伍建设,既要保证必要的人员匹配,又要提高业务服务能力,特别是要加强理论政策学习和业务培训力度,从实从细掌握社会组织法规政策及业务知识。进一步规范行业协会商会收费行为,健全脱钩后行业协会商会监管制度。进一步提升依法行政能力,加强社会组织分类管理,规范社会组织日常运行和活动开展。加大科技支撑力度,进一步提升社会组织信息化建设水平。加强行业自律,深入开展社会组织诚信建设。完善社会组织年度报告制度,加大社会组织信息公开力度,进一步规范公开内容和程序,建立健全常态抽查机制。进一步丰富监管手段,充分利用信息化监管,注重过程监管,重视社会监督,健全综合监管体系,着力提高监管成效。重视社会组织调查研究,及时了解社会组织发展动态,深刻把握社会组织发展趋势,不断深

化对社会组织发展规律的认识。

(二)进一步加大社会组织扶持培育力度

健全向社会组织购买服务相关制度,加大购买服务力度,充分利用税收优惠等政策,让有能力的社会组织有序承接政府转移职能,进一步提高政府购买服务的质量和效率。深入开展“政社互动”实践,搭建对接平台,积极引导、支持社会组织参与公益创投活动,营造社会组织参与社会治理创新的浓厚氛围和有利环境。加强社会组织自身建设,自觉遵守章程,牢记组织使命和初心,强化法治意识,完善社会组织法人治理结构。充分发挥、调动社会组织自主性和积极性,为打造人人有责、人人尽责、人人享有的社会治理共同体贡献智慧和力量。构建多渠道资金支持平台,不断提高财政资金使用效率。进一步完善孵化培育机制,提升社会组织孵化平台的服务能力和水平。针对天津发展实际和需要,进一步加大对志愿服务组织和慈善组织的培育孵化力度。积极推动社会组织发展品牌化,加强枢纽型、支持型社会组织建设,充分发挥其引领、带动作用。加大社会组织人才队伍建设力度,从全市人才整体发展出发,谋划社会组织人才建设,健全社会组织人才培育、使用、评价等政策,进一步促进社会组织从业人员专业化、专职化。加强社会组织从业人员培训指导,尤其是要有针对性地对社会组织的运行方式、财税政策等开展学习培训。加强社会组织负责人能力培训,特别是要对社会组织的一般特性、内部治理和相关法律政策等进行有针对性和指导性的培训,着力提高负责人的专业意识、法治意识。多举措培育发展壮大社区社会组织,积极引导其参与社区治理创新,最大限度地发挥其在基层治理中的协同价值和效应。加快培育发展行业协会商会,发挥行业协会商会在规范市场秩序、反映行业诉求等方面的独特功能和作用。

(三)进一步推动社会组织党建工作上水平

深刻把握党在社会组织中的功能定位,充分发挥党组织战斗堡垒作用和党员先锋模范作用，进一步探索符合社会组织实际的党建工作有效管理方式和方法，推动社会组织党建工作规范化和科学化。以制度化建设为着力点，进一步完善工作机制，打造工作合力，力求工作实效，常态化推动社会组织党建工作。创新工作思路和方式，多渠道、多形式组建党组织，不断扩大党的组织和工作的有效覆盖，着力提升“两个覆盖”质量。坚持党的领导与社会组织依法自治相统一，把党组织活动与社会组织业务活动结合起来，紧紧抓住“发挥党组织政治核心作用”这一主线，把握正确政治方向，恰当掌握好“党组织活动融入社会组织执业过程”的“度”。夯实社会组织党建工作保障，确保组织活动正常开展。强化社会组织党务工作者队伍建设，选优配强党组织书记。加强社会组织党组织场所设施建设，提高场所设施综合使用效能，社会组织党组织阵地要凸显党的标志和形象，进一步探索共建共享活动设施的有效途径。

天津市社会团体规范化发展的现状及建议①

伴随我国社会治理创新的大力开展，培育社会组织发展、激发社会组织活力、发挥社会组织在社会治理中的积极功能和作用已引起社会各界的广泛关注。党的十八届三中全会明确指出：“正确处理政府和社会关系，加快实施政社分开，推进社会组织明确权责、依法自治、发挥作用。”于是，在积极推动社会治理创新的实践中，社会组织规范化培育和发展就成为一个重要议题。一定程度上，按照我国现行社会

① 原文载于李锦坤主编：《2015 天津市经济社会形势分析与预测（社会卷）》，天津社会科学院出版社 2015 年版。

组织登记管理制度的有关规定，社会组织包括社会团体、民办非企业单位和基金会三类。根据《社会团体登记管理条例》，社会团体是指中国公民自愿组成，为实现会员共同意愿，按照其章程开展活动的非营利性社会组织。本文主要针对由天津市民政部门正式登记的社会团体的现状，结合当前天津市社会团体发展实际以及其参与社会治理的相关实践，以此来探讨社会团体这类社会组织的规范化发展，并在此基础上提出有关推动天津市社会团体规范化发展的几点建议。

一、天津市社会团体规范化发展的现状

截至2014年，天津市登记注册社会组织5000个，其中，社会团体2384个。近年来，天津市社会团体的规模、数量、种类等都发生了显著变化，为了适应社会发展需求、确保社会团体健康成长，天津市在推动社会团体规范化发展方面进行了一些积极探索和有益尝试，取得了显著成效。

（一）积极探索直接登记的相关机制

根据政府职能转变要求和社会组织发展需求，2013年7月，天津市民政局印发《天津市民政局关于开展社会组织直接登记工作的通知》（津民发〔2013〕60号），对天津市行业协会商会类、科技类、公益慈善类、城乡社区服务类社会组织成立时直接依法申请登记做出了相关规定。通过积极探索有关社会团体直接登记的相关机制，不仅进一步促进了社会团体培育工作的顺利开展，而且也有力推进了天津市社会团体登记管理体制改革的有序进行。

（二）积极推进政社分离

推进行业协会商会与行政机关脱钩，既是社会团体体制与机制改革的现实需求，也是实现社会组织良性运行的内在要求。2014年3月，天津市社会团体管理局对全市行业协会商会进行了摸底调查，印

发了《关于对天津市行业协会商会进行脱钩工作调查的通知》。通过开展调查研究,对天津市社会团体实行政社分离的运行机制进行积极探索,进一步增强了行业协会商会类社会团体的独立性和自治性,取得了良好的工作实效。

（三）积极开展行业协会商会的行业自律和诚信建设

行业协会商会是社会团体的重要组成部分。行业自律和诚信建设既是行业协会商会类社会团体生存和健康发展的重要保障,也是完善社会团体内部治理机制的重要内容。2013 年 5 月,天津市召开行业协会商会行业自律与诚信建设活动启动会,印发了《天津市民政局关于开展行业协会商会行业自律与诚信建设活动的实施意见》（津民发〔2013〕42 号）。通过活动的深入开展,不仅提高了行业协会商会的自我服务、自我管理与自我监督能力,而且也有效地促进了服务与管理行业协会商会新机制的形成,对推动天津市社会团体管理体制改革具有积极示范效应。

（四）积极推进社会团体管理工作的精细化

近年来,随着社会团体的迅速发展以及其参与社会治理实践的深入,推进社会团体管理工作走向精细化已成为培育和发展社会团体的重要课题。天津市在社会团体管理工作精细化方面也进行了一些积极探索和创新,主要体现在登记流程的优化、网上年检的实施、培训学习的开展、评估监督的细化,等等。2013 年 9 月,《天津市民政局关于印发天津市社会团体内部管理制度指引的通知》对社会团体内部治理、民主管理等方面进行了规范引导。另外,2014 年 6 月,天津市民政局、天津市司法局、天津市社会组织人民调解委员会、天津市人民调解员协会联合制定了《天津市推进和创新社会组织人民调解工作的实施意见》,对化解社会组织内部矛盾、提升社会组织管理能力、维护社会和谐稳定做出了相关规定。一定程度上,把人民调解机制引入社会组织服务与管理工作之中是天津市社会团体管理工作走向精细化的亮点。

可以说，天津市在培育和发展社会团体方面积极努力，取得了一定工作成效，这不仅促进了天津市社会团体健康有序地成长，而且也使天津市社会团体有了更多空间和机会参与社会治理的相关实践。但是与社会组织蓬勃发展的实际需求相比，与社会治理创新的总体要求相比，天津市推动社会团体规范化发展还面临着一些挑战和问题，这主要表现在：社会团体的结构需要进一步优化，公益、慈善、环保类社会团体发展相对不足，尤其是针对特殊人群提供服务的社会团体数量还不多；社会团体的内部治理需要进一步加强，尤其是社会团体工作人员的专业化、职业化发展水平相对较低；社会团体资源获取能力需要进一步提升，特别是社会团体参与公共服务的相关机制有待完善、财政支持社会团体发展的力度仍需加大；社会团体日常管理与监督机制的科学化、信息化手段还需要进一步提高。

二、推动天津市社会团体规范化发展的几点建议

社会团体规范化发展是创新社会组织体制改革的重要内容。在积极推动社会团体规范化发展过程中，要不断地通过理念创新与制度创新，深入地把握社会团体自身特点和发展规律，发挥社会团体在特大城市治理中的特殊功能，建立健全社会团体表达利益诉求机制，为社会团体参与公共事务提供制度保障。

（一）进一步强化公益理念与志愿精神

公益理念与志愿精神是引导社会团体健康、持续、有序发展的重要支柱。社会团体通过积极践行公益理念和志愿精神，不仅能够凝聚社会力量，而且也能够起到引领和示范作用，有效地发挥社会团体的整合功能。把友爱、奉献、互助的精神气质贯穿于社会团体

的日常管理与社会实践之中，既是凸显社会团体“社会”价值和存在合理性的根本要求，也是激发社会团体活力的重要保障。可以说，公益理念和志愿精神是建构现代社会组织体系的重要精神力量。在推进社会团体有效地参与社会治理及公共服务的各种实践中，要不断强化公益、志愿等价值理念，并以此指导和引领社会团体健康发展，进一步发挥社会团体所具有的非营利性机构的属性和特点，有效地整合资源，实现优势互补，拓宽社会团体发展视野，扩大社会团体体制改革空间，为社会团体的发展营造良好的社会环境。在实现理念引导和治理效能的互动中，发挥社会团体所具有的社会协同功效，进一步促进社会结构的优化，为国家、市场与社会之间的良性互动贡献力量。

（二）进一步树立培育和规范并重的建设思维

在我国推动全面深化改革的历史新阶段，重视包括社会团体在内的社会组织的有序发展已形成一定社会共识。为了适应新的发展阶段要求，转变思维方式、创新工作方法就成为推动社会团体建设工作的应有之义。为此，规避过去一些地方或部门“重审批、轻培育”的思维，进一步树立“培育和规范并重”的社会团体建设思维。培育和规范社会团体建设，不仅要重视社会团体发展的数量和规模，而且要更加重视和提高社会团体发展的质量。要以社会团体的章程为核心，逐步完善社会团体的内部治理结构，提高社会团体工作人员专业化、职业化水平，着力解决好影响社会团体专职工作人员后顾之忧的各种问题。完善细化社会团体管理与服务的相关制度，积极推进社会团体的去行政化，做好行业协会商会与行政机关脱钩工作，不断提高社会团体自我管理、自我约束与自我服务能力。按照分类指导、分类管理的要求，加大政府财政支持力度，加强对公益、环保类社会团体的培育，在社会团体精细化管理上下功夫见成效，以此进一步激发社会团体活力,提升社会团体核心竞争力,使社会团体能够成为承接政府职能转移和具体工作事项的重要社会力量,提高社会团体对公共事务、社会治理的参与度。在促进社会治理能力提升的进程中,赋予社会团体应有的社会地位,通过各种机制创新,进一步拓宽社会团体参与社会治理的空间,有效发挥社会团体的社会功能。

(三)进一步加强社会团体法治化建设

加强社会团体法治化建设是规范社会团体健康发展并使之成为推动社会发展有益力量的制度保障。党的十八届四中全会提出:“加强社会组织立法,规范和引导各类社会组织健康发展。”这为进一步加强社会团体法治化建设提供了指引,为此,加快建设和完善有关社会团体的地方性法规和规章便成为当前地方推动社会团体发展实践中的重要内容。在推动社会团体法治化建设的过程中,一方面有关部门要加快立法、严格执法,依法加强对社会团体的日常管理和监督;另一方面社会团体自身要严格地以宪法为根本活动准则,遵守法律,建立健全现代社会团体法人治理结构。通过不断加强社会团体法治化建设实践,以此保障公民和社会团体的各种合法权益,畅通社会团体利益表达渠道,推动社会团体参与公共事务制度化发展进程,有效地发挥社会团体在法治社会建设中的积极作用。

(四)进一步加强社会团体诚信建设

诚信建设是社会主义精神文明建设的重要内容。建设具有中国特色的社会诚信体系离不开作为“第三部门”的社会团体的有力支撑。社会团体能够以其特定的社会功能和组织特性,发挥其在诚信建设方面的特有作用。社会团体通过倡导和践行诚信理念,能够进一步增进组织内部的凝聚力,提高社会公信力,扩大社会影响,提升社会形象。当然,通过社会团体践行诚信活动的正面影响,也能够增进社会信任、增加社会资本、促进社会整合。可以说,加强社会团体诚信建设既是建立现代社会组织体系的题中之义，也是提升社会团体透明度、实现自我监督的有力举措。特别是对于行业协会商会这类社会团体来说，随着我国全面深化改革的深入，行业协会商会在促进经济发展、促进产业升级，转变政府职能等方面的作用日益凸显。通过在行业协会商会中开展诚信建设，能够进一步规范市场秩序，引导建立行业行为规则，调处矛盾纠纷。可以说，加强诚信建设是建构行业自律机制、完善市场诚信的一种必要手段。通过建立完善的行业诚信奖惩机制和自我约束机制，能够进一步促进良性的市场互动、进一步发挥行业协会商会的协调服务能力。

（五）进一步完善社会团体的评估和监管工作

对社会团体进行评估和监管是保障社会团体健康有序发展的重要工作。以评促建，实现社会团体规范发展与社会团体评估机制之间的有机结合是当前社会团体评估工作的重要指向。建立约束性与指导性评估指标动态调整机制，特别是要把理念价值、社会效益与法治建设三者统一起来，通过社会团体参与社会治理的过程和项目，逐步完善社会团体的评估机制。对于社会团体的监管工作，当前要进一步强化日常监管，重视社会监督，建立健全综合监管体系。重视监管工作机制创新，善于运行现代化信息手段加强监管，特别是对重大活动的监管要有更为细致的可操作化的手段和办法。不断完善和创新对社会团体事中、事后监管的形式与机制，促进监管工作的规范化。

天津市民办非企业单位的现状及规范化发展建议[①]

党的十八届五中全会指出，要“加强和创新社会治理，推进社会治理精细化，构建全民共建共享的社会治理格局”。从鲜活的社会治理实践来看，社会组织及其行动，已成为推动社会治理精细化、构建全民共建共享的社会治理格局的重要力量。作为我国社会组织中的重要一类，民办非企业单位不仅能够发挥一般社会组织所具有的社会功能，而且也能够以其独特的组织目标、形式及行动方式，为创新社会治理、满足多样化公共服务需求提供有效支撑。本文主要针对天津市民政部门正式登记的民办非企业单位的发展现状，结合当前天津市民办非企业单位的发展实际，提出进一步推动天津市民办非企业单位规范化发展的相关建议。

一、天津市民办非企业单位的现状

根据《民办非企业单位登记管理暂行条例》，民办非企业单位是指企业事业单位、社会团体和其他社会力量以及公民个人利用非国有资产举办的，从事非营利性社会服务活动的社会组织。“作为我国社会组织结构中的重要组成部分，民办非企业单位也具有民间性、非营利性与独立性等特点，但与社会团体和基金会相比，民办非企业单位还具有实体性、市场性与服务性等特性。”[②]尤其是实体性特性，使一些

---

① 原文载于李锦坤主编：《2016 天津市经济社会形势分析与预测（社会卷）》，天津社会科学院出版社 2016 年版。

② 王名主编：《社会组织概论》，中国社会出版社 2010 年版，第 203 页。

民办非企业单位的实践有别于其他社会组织，而表现出特有的组织方式与行为。正是基于这种实体性的组织方式与行为，使民办非企业单位能够成为提供公共服务和公共产品的重要载体。从实践来看，一些民办非企业单位通过各种行动服务于社会事业多个领域，不仅满足了多样化、多元化的公共服务和公共产品需求，而且也推动了社会治理创新实践的有效开展。

截至2015年11月底，天津市社会组织总数达到29506个。其中，登记注册的5210个，包括社会团体2440个，民办非企业单位2701个，基金会69个；备案的社区社会组织24296个。① 可见，民办非企业单位已成为我市登记注册社会组织中的重要主体。近年来，我市民办非企业单位活跃在教育、卫生、养老、科技、体育、劳动、志愿服务等多个领域，积极开展各种社会实践活动，为我市经济社会全面协调可持续发展做出了重要贡献。

从行业分类来看，天津市民办非企业单位广泛分布于科技与研究、生态环境、教育、卫生、社会服务、文化、体育、法律等行业。2014年末，全市共有2450个民办非企业单位，其中教育类民办非企业单位的数量最多，共1001个；紧随其后的是职业及从业组织、社会服务和体育三类，数量分别为388个、377个、249个。② 2014年末，天津市民办非企业单位职工人数为26676人，占全市社会组织职工人数的69.7%；全市民办非企业单位职工中女性人数为11902人；从受教育程度情况来看，大学专科9315人，大学本科及以上10630人；从年龄结构情况来看，35岁及以下的人数为6477人，36岁至45岁的人数为

① “天津社会组织动态”微信公众号。

② 《中国社会组织年鉴2015》编委会：《中国社会组织年鉴2015》，中国社会出版社2015年版，第868—873页。

7968 人,46 岁至 55 岁的人数为 7643 人,56 岁及以上的人数为 4588 人。①

伴随社会组织建设步伐的加快,通过机制创新,我市民办非企业单位的注册登记、内部治理、年度检查、外部监督、自律与诚信建设等方面的具体工作有序推进,民办非企业单位的发展环境不断优化、服务社会能力进一步提升。在社会组织法治建设年的系列活动中,有关部门积极组织开展各种法律宣传、咨询活动,制定了《天津市民办非企业单位(法人)章程示范文本》,有效推动了民办非企业单位的法治建设工作。另外,通过创新工作方式,探索培育新模式,把培育民办非企业单位与社区建设进行有机结合,积极推动民办非企业单位参与社会建设、社会治理,不断促进"三社"联动。民办非企业单位党建工作扎实推进,党建规范化建设成效明显,党建水平进一步提高。2014 年末,全市 2450 个民办非企业单位中,一共建立了 1280 个党组织。② 总的来看,我市一些民办非企业单位通过积极参与养老、灾害救援等各种实践,不断提升服务社会能力和水平,在提供民生服务、推动公益慈善事业、服务弱势群体、化解社会矛盾、创新社会治理等多个方面发挥了积极作用。

一定程度上,可以说,天津市民办非企业单位的自我运行能力在不断提高,活动形式多样且成效显著,整体社会影响力也在不断提升。但是与推动社会建设的整体进程相比,与推进社会组织明确权责、依法自治的要求相比,与创新社会治理体制、改进社会治理方式的实践相比,天津市民办非企业单位的规范化发展还面临着一些挑战,这主要表现在:民办非企业单位的自身建设亟待提升,内部治理结构需要

---

① 《中国社会组织年鉴 2015》编委会:《中国社会组织年鉴 2015》,中国社会出版社 2015 年版,第 842—869 页。

② 《中国社会组织年鉴 2015》编委会:《中国社会组织年鉴 2015》,中国社会出版社 2015 年版,第868—873 页。

进一步改善;民办非企业单位服务管理制度改革进程需要进一步加快,精细化服务管理仍需进一步加强;民办非企业单位的法治建设有待进一步推进;民办非企业单位的评估机制仍需进一步完善。

二、促进天津市民办非企业单位规范化发展的几点建议

在全面建成小康社会的进程中,伴随着积极推动社会建设与社会治理实践的开展,民办非企业单位的发展空间将会得到进一步扩宽,与此同时,新的形势也对民办非企业单位规范化发展提出更高要求。可以说,培育和促进民办非企业单位规范化发展,需要多措并举,多方支持,以此形成合力来共同推动。当前,立足我市民办非企业单位的发展实际,以制度建设为着眼点,要进一步创新理念和手段,着力破解民办非企业单位发展中的制度性难题,积极探索民办非企业单位分级分类管理的有效途径,努力在民办非企业单位服务管理的规范化、信息化、精细化上见成效。

(一)深化民办非企业单位自身能力建设

加强民办非企业单位自身能力建设,既是培育和促进社会组织积极参与社会建设、社会治理实践的现实要求,也是加强民办非企业单位内涵能力建设、提高民办非企业单位核心竞争力的题中之义。当前,要以规范化建设为抓手,以章程为着力点,积极探索建立民办非企业单位内部治理新结构与新机制。深化对民办非企业单位发展规律的认识,把握民办非企业单位的非营利性、公益性等社会属性,着眼制度改革创新和组织文化建设,以治理的理念与思路,进一步完善内部法人治理结构,重视自治能力和组织规则建设,加强内部管理与监督,健全财务管理、重大事项报告等规章制度,以此不断提高组织的自我管理、自我监督能力。加大民办非企业单位服务型党组织建设力度,使民办非企业单位党建工作与其业务活动有机结合,不断创新民办非

企业单位党建工作方式。树立品牌意识,坚持品牌发展与注重实效相结合。强化自律,加强组织诚信建设,不断提高民办非企业单位的社会公信力。

(二)提高民办非企业单位服务管理水平

在实践中,要高度重视民办非企业单位的社会价值,支持和引导民办非企业单位参与公益慈善、社会救济、志愿服务、扶贫开发、社会福利、防灾救灾等各种实践,在服务实践中提高民办非企业单位服务社会的能力和水平。结合当前社会建设与社会治理的实践要求,不断推动民办非企业单位服务管理工作走向精细化。加快完善民办非企业单位规范化发展的政策体系,积极实施分级分类动态管理,制定和执行更加精细化的各种制度,进一步完善民办非企业单位相关制度框架,为推动民办非企业单位参与社会实践提供制度安排。加大信息化建设力度,建设民办非企业单位组织数据库,为民办非企业单位培育发展提供有效支撑。大力宣传民办非企业单位中的典型,发挥典型示范引领作用,进一步提高民办非企业单位社会知名度。争取各方面、多部门支持,建立健全多部门联动的民办非企业单位培育、发展和监督的工作机制。进一步完善民办非企业单位服务社区的工作机制,为社区居民提供有针对性、多样化的社会服务。转变职能,健全民办非企业单位购买服务的机制,鼓励民办非企业单位承接购买服务事项,进一步提高民办非企业单位提供公共服务和公共产品的能力,调动民办非企业单位参与社会建设、社会治理的积极性。创造各种有利条件,推动民办非企业单位"走出去",积极参与对外交流,扩大社会影响力。

(三)加强民办非企业单位法治化建设

树立法治理念,强化法治思维,推动民办非企业单位的培育发展工作在法治轨道上健康发展。从完善民办非企业单位有关法律制度出发,使民办非企业单位的各种实践行为有法可依、有规可循。坚持依法开展自治，紧密结合发展实际，依法制定民办非企业单位的各种规章制度。加强调查研究，及时总结经验，在实践中创新有关民办非企业单位培育发展和监督管理的办法与举措，从日常管理、购买服务、财务管理、税收优惠等方面，有步骤地推动民办非企业单位法治化发展进程。依法监管，强化日常监管，量化监管范围，提高监管时效性，积极开展社会监督，实施多部门配合的综合监管，不断完善多方参与的监督体系。

（四）强化对民办非企业单位的评估

完善民办非企业单位的评估制度，积极探索第三方评估工作机制，增强评估工作的客观性和公平性，不断推进民办非企业单位评估工作制度化。立足民办非企业单位的发展实际和自身特点，结合我市社会组织发展的整体形势，使评估工作更“接地气”、更有利于促进民办非企业单位的健康快速发展。坚持评估与建设相结合，以评估提高民办非企业单位建设的制度化发展水平。通过评估进一步促进信用制度、信息公开制度、奖励表彰制度的完善。合理利用评估结果，不断完善评估结果公布、反馈、监督等工作机制，增进评估工作的严肃性和规范性。

天津市脱钩行业协会商会发展现状分析[①]

推动行业协会商会与行政机关脱钩是当前我国社会组织改革与实践领域的一项重要任务。2015 年 6 月，中共中央办公厅、国务院办公厅印发《行业协会商会与行政机关脱钩总体方案》，按照坚持社会

① 原文载于史瑞杰主编：《2018 天津市经济社会形势分析与预测（社会卷）》，天津社会科学院出版社 2018 年版。

化、市场化改革方向;坚持法治化、非营利原则;坚持服务发展、释放市场活力;坚持试点先行、分步稳妥推进,有关部门和各地方积极开展了行业协会商会脱钩工作,总的来看,脱钩工作主要围绕"五分离、五规范"来展开,一是机构分离,规范综合监管关系;二是职能分离,规范行政委托和职责分工关系;三是资产财务分离,规范财产关系;四是人员管理分离,规范用人关系;五是党建、外事等事项分离,规范管理关系。从实践来看,改革开放以来,我国行业协会商会有了较快发展,在促进经济建设和社会发展中发挥了重要作用,但也应该看到,一定程度上,我国行业协会商会还存在行政化、缺乏活力等问题,而这已严重制约了我国行业协会商会规范有序运行与健康发展。为进一步深化行业协会商会改革,促进政府职能转变,加快推进政社分开,推动行业协会商会与行政机关脱钩便显得尤为迫切和重要。本文以天津为例,对行业协会商会与行政机关脱钩实践进行了观察,通过对天津市市级行业协会商会脱钩情况的简要分析,提出了促进天津市脱钩行业协会商会规范健康发展的几点建议。

一、天津市行业协会商会与行政机关脱钩工作现状

天津市行业协会商会与行政机关脱钩工作共涉及业务主管单位35家,全市需要开展脱钩工作的行业协会商会共有232家。[①] 截至2017年12月,天津市共开展了两批行业协会商会与行政机关脱钩工作,共涉及159家行业协会商会,其中第一批完成的有34家,涉及10个业务主管单位;第二批完成的有125家,涉及24个业务主管单位。按照计划安排,其他的已列入脱钩范围的行业协会商会将在第三批中完成脱钩工作,此项工作正在有序推进当中。

"行业协会商会作为政府与市场、社会之间的重要桥梁纽带,在政

① 韩雯:《市行业协会与行政机关脱钩》,《天津日报》2016年11月24日。

府宏观经济管理和企业微观经济运行中具有‘传送带’和‘上挂下联’的重要功能,在社会治理中发挥着特殊作用。”①天津市高度重视行业协会商会工作,创造条件大力支持行业协会商会发展,充分发挥其在天津市经济社会发展的独特优势。推动行业协会商会脱钩是行业协会商会规范发展、转型发展、创新发展的重要一环,针对行业协会商会脱钩工作的重要性和紧迫性,天津市各有关部门通过建章立制、强化落实,不断加强政策配套、分类推进,及时调研督察、评估总结,确保脱钩工作涉及的机构调整、党建工作、资产管理等各项改革任务稳妥开展。

一是加强组织领导,多部门联动开展脱钩工作。按照中央部署安排,天津市积极开展行业协会商会脱钩工作,建立了脱钩工作领导机制,成立了由25家单位组成的天津市行业协会商会与行政机关脱钩联合工作组。各部门责任明确、分工具体、密切配合,通过建立联合工作组成员单位联络员例会制度等,加强沟通交流,形成联动服务机制,打造工作合力,稳步推动脱钩工作有序进行。此外,联合工作组不断强化大局意识,提高理论认识,注重整体协作,破解共性难题,为脱钩行业协会商会规范发展奠定了良好基础。通过组织培训、专题会议、媒体宣传、督促检查等多种方式解读政策、指导工作,营造大力支持行业协会商会脱钩改革的良好氛围。

二是加强制度建设,出台相关配套政策措施保障脱钩工作。在推动脱钩工作中,天津市坚持实事求是,以制度建设引领脱钩改革工作,制定印发了《天津市行业协会商会与行政机关脱钩工作方案》,注重制度设计、制度改进、制度衔接、制度管用,制定了一系列配套措施和实施细则,如《天津市行业协会商会负责人任职管理办法(试行)》《天津市行业协会商会与行政机关脱钩后外事管理工作实施细则(试行)》《天津市行业协会商会脱钩改革有关行政办公用房管理办法(试行)》

① 王勇:《扎实推进行业协会商会与行政机关脱钩改革》,《求是》2015年第21期。

等。通过这些配套政策的实施,规范了脱钩工作相关程序,保障了脱钩工作有条不紊、有序推进。

三是加强脱钩评估,以评估促进脱钩工作顺利开展。天津市在推动脱钩工作中,注重通过开展评估来整体把握工作的规范性。通过遴选第三方评估机构,组成评估专家组,开展脱钩程序、脱钩政策文本等各方面评估,以保障脱钩工作规范运行。目前,天津市已完成的两批行业协会商会脱钩工作,均已进行了科学评估。通过开展脱钩评估,对脱钩工作所涉及的各个环节进行了客观分析,对脱钩工作的整体成效进行了评判。总的看,开展脱钩评估,有利于认真总结经验,有利于脱钩工作稳妥推进,有利于破解影响脱钩行业协会商会发展的共性难题。

四是加强党建引领,确保脱钩行业协会商会发展的政治方向。针对脱钩工作,印发了《天津市行业协会商会与行政机关脱钩后党建工作管理体制调整实施办法(试行)》,明确了所有涉及脱钩的行业协会商会党建工作分别由天津市委市级机关工委、市国资委党委、市工商联会员企业党委和市社会组织党委来管理,严格组织程序调整标准和过程,确保脱钩行业协会商会党组织关系移交、党员组织关系转移等各项工作有序衔接。大力提高工作实效性,通过多种形式,宣传宣讲有关脱钩政策和党的理论,扎实推进"两个覆盖"工作,发挥了党组织的政治核心作用,为行业协会商会脱钩工作顺利进行提供了坚强保证。规范脱钩行业协会商会组织生活,有针对性地开展党建主题活动,深入开展党风廉政建设。通过开展培训等方式,不断加强对脱钩行业协会商会党建工作的具体指导,如天津市社会组织党委采取"模块化 + 党建培训"新形式,举办了脱钩行业协会商会党建工作专题培训班①。

总体来看,天津市行业协会商会与行政机关脱钩工作稳妥推进,脱

---

① 《市社会组织党委举办市脱钩行业协会商会党建工作专题培训班》,天津市社会组织管理局网站,http://shzz.tj.gov.cn/News/201709/201709120956429.htm。

钩政策程序严谨，整体规范有序，在实践中取得了一定成绩。与此同时，我们也应看到，脱钩后行业协会商会的良性发展还需要多方面的有效支持，而且与加快形成政社分开、权责明确、依法自治的现代社会组织体制的要求相比，脱钩后部分行业协会商会还面临着一些挑战与困难，如受行政化惯性和思维定式影响，有的脱钩行业协会商会面临着组织动员能力不足、组织定位不清晰、内部治理结构不完整等问题。

二、促进天津市脱钩行业协会商会规范健康发展的几点建议

(一)进一步完善扶持政策体系，营造有利于行业协会商会良性发展的社会环境

在实践中要规范行业协会商会发展，不断优化发展环境，加快推进行业协会商会法治化进程，健全符合天津市经济社会发展战略要求的新型行业协会商会管理体制和运行机制。更新思想观念，创新思维方式，以新型合作关系来看待脱钩后行业协会商会在经济社会发展中的作为，更加重视行业协会商会脱钩后的发展质量。因地制宜，分类施策，有序竞争，探索“一业多会”等不同形式的新型现代行业协会商会的发展之路。加快转变政府职能，推动“放管服”改革，释放更多适合行业协会商会改革发展的社会空间，研制更具操作性的支持政策。加大人才培养、培训等工作力度，充分利用税收、人才激励等方面优惠政策支持行业协会商会进行综合创新。以绩效为导向，加快健全政府购买社会组织服务的具体机制，让脱钩后行业协会商会能够有效承接政府购买服务。注重社会化监督，健全脱钩后行业协会商会综合监管体系，加强事中事后监管，确保“脱钩不脱管”。

(二)进一步健全内部治理机制，在做好服务中发挥行业协会商会作用

按照现代社会组织法人治理结构要求，以章程为中心，加强自身能力建设，健全组织机构，完善内部治理制度，建立更加符合现代社会组织

发展要求的内部治理新机制。脱钩后行业协会商会要转变观念,加快转型,按照走中国特色社会组织之路的发展要求,主动改革、适应形势,使其在促进经济发展与社会进步中发挥应有的角色价值。以完善的治理结构激发组织活力,促进良性运行,充分发扬民主,健全日常管理和重大活动的相关运行机制,提高组织动员能力,实行自我服务、自我管理。回归本位,找准定位,脱钩后行业协会商会只有在做好服务中才能真正成为所在行业的"权威",才能更好地服务企业、服务市场、服务社会。此外,脱钩后行业协会商会还应主动参与维护市场秩序,搭建合作交流平台,注重团结会员,维护会员权益,构建行业"共同体";加强诚信建设,倡导行业规范;完善信息公开制度,履行社会责任。

(三)进一步加大品牌建设力度,扩大行业协会商会的社会影响力

通过开展脱钩工作,进一步挖掘行业协会商会组织潜能,增强行业协会商会的自主性,让行业协会商会真正成为时代所需要的依法设立、自主办会、服务为本、治理规范、行为自律的现代社会组织。为此,要不断加强品牌建设,发挥品牌行业协会商会的示范和引领作用。利用各种平台宣传展示脱钩后的品牌行业协会商会,树立新时代行业协会商会新形象,以专业服务为导向,讲好脱钩品牌行业协会商会的"故事",进一步提高其社会知名度和美誉度。以典型为引领,总结其在议事决策、信息公开等方面的成功做法,在条件允许的情况下复制、推广其成熟的治理手段和方式。支持具备条件的品牌行业协会商会做大做强,鼓励脱钩后的品牌行业协会商会走出去,积极参与各类重大发展战略实践。

(四)进一步提升党建工作水平,发挥党组织在脱钩后行业协会商会中的战斗堡垒作用

加强党的领导是促进脱钩后行业协会商会规范健康发展的根本保证。坚持党的领导与行业协会商会依法自治相统一,把握正确政治方向,发挥党组织政治核心作用,破解党建和业务工作"两张皮"难题,把党组织活动与行业协会商会业务开展紧密结合起来。推动脱钩行业协会商会党建工作创新发展,激发党组织活力,提高“两个覆盖”质量。加强行业协会商会党务工作者队伍建设,通过多种有效方式选优配强党组织书记。建立常态化党务培训机制,研制符合行业协会商会特点的培训课程。夯实行业协会商会党建工作保障,完善党建经费、活动场所等保障机制。

天津市民政局关于大力培育发展社区社会组织的指导意见①

(津民发〔2018〕61 号)

各区民政局:

为贯彻落实《中共天津市委办公厅 天津市人民政府办公厅关于改革社会组织管理制度促进社会组织健康有序发展的实施意见》(津党办发〔2017〕8 号)和《民政部关于大力培育发展社区社会组织的意见》(民发〔2017〕191 号)精神,进一步加强社区社会组织培育发展,推动加强社区治理体系建设,打造共建共治共享的基层社会治理格局,现提出如下指导意见:

一、总体要求

深入学习贯彻党的十九大和十九届二中、三中全会精神,以习近平新时代中国特色社会主义思想为指导,以习近平总书记对天津工作

① 《天津市民政局关于大力培育发展社区社会组织的指导意见》,天津市民政局网站,http://mz.tj.gov.cn/ZWGK5878/ZCFG9602/zcwj/202012/t20201211_4863224.html。

提出的“三个着力”重要要求为元为纲，深入贯彻党中央、国务院关于大力培育发展社区社会组织的重大决策，认真落实市委、市政府有关工作部署要求，以满足居民需求为导向，以鼓励扶持为重点，以能力提升为基础，重点培育养老服务类、社区服务类、扶危助困类和慈善救助类社区社会组织，引导社区社会组织健康有序发展，充分发挥社区社会组织提供服务、反映诉求、规范行为的积极作用。力争到2020年，社区社会组织以质为主、量质齐升，街道（乡、镇）级枢纽型社区社会组织联合会（服务中心）服务管理协调作用明显，实现市、区、街道（乡、镇）三级孵化网络“全覆盖”。

二、基本原则

（一）坚持党的领导。加强街道（乡、镇）党（工）委和城乡社区党组织对社区社会组织各项工作的领导，着力提高联系服务群众能力，确保社区社会组织全面贯彻落实党的路线方针政策和决策部署，始终沿着正确方向健康发展。

（二）坚持问需于民。以社区居民实际需求为出发点和落脚点，加强社区社会组织培育发展的针对性，提升社会组织开展专业社会工作服务和灵活参与社区治理能力，确保居民得实惠、真受益。

（三）坚持居民主体。充分发挥社区居民的主观能动性，引导居民根据志趣、专长参与社区社会组织，使其成为社区建设的参与者和推动者。

（四）坚持过程导向。将对居民公共精神和社区意识的培养贯穿社区社会组织培育发展的全过程，充分发挥社区社会组织纽带作用，引导居民对社区公共问题进行有序协商，达成思想和行动共识。

三、推进社区社会组织管理体系建设

（一）加强党建引领。贯彻落实市委组织部有关要求，对城乡社区社会组织实行街道(乡、镇)党(工)委统一领导,社区党组织或广场公园社团联合会党组织兜底管理。加快建立组织管理体系,加强党务工作者队伍建设,推进党的组织和党的工作有效覆盖,扩展党组织和党员发挥作用途径。

(二)规范管理体制。完善"一级主体、分级负责"管理体制。市、区民政部门统筹推进不具备登记条件的社区社会组织统一备案工作。街道办事处(乡、镇人民政府)作为服务与管理的主体,具体实施备案管理和分类指导。居(村)委会根据街道(乡、镇)委托,负责日常业务指导和备案的初审、上报。民政部门、街道办事处(乡、镇人民政府)、居(村)委会加强对备案的社区社会组织的监督管理,对违法违规的社区社会组织坚决禁止其活动,予以取缔。

(三)优化登记服务。全面落实"政务一网通"改革要求,进一步"减事项、减环节、减材料、减证照、减时限",积极引导符合法定登记条件的社区社会组织,到各区登记机关申请登记。各区民政部门要加强与相关部门协调联动,广泛调研摸底,将辖区内规模较大、影响力强、作用明显的社区社会组织列入拟登记台账,列为培育示范点,加大扶持监管力度,促进其依法登记。

(四)强化枢纽型建设。各区民政部门要确保每个街道(乡、镇)注册登记1家枢纽型社区社会组织联合会(服务中心),在街道办事处(乡、镇人民政府)的指导下,充分发挥管理服务协调作用,负责培育孵化社区公益性社会组织,提供政策咨询、志愿服务、交流培训、公益创投、组织运作等综合性服务。规范社会组织社工力量配备,各街(乡、镇)级枢纽型社区社会组织联合会(服务中心)要配备2至3名社区社会组织专职社工。探索建立第三方机构对枢纽型社区社会组织督导服务机制,通过政府购买服务、公益创投等方式,由专业机构承接,指导各社区开展社区社会组织培育发展、项目运营人才培养等工作。

2019年底前,各区要打造1个街道(乡、镇)级枢纽型社区社会组织联合会(服务中心)示范点。

四、加大社区社会组织培育扶持力度

(一)密切“三社联动”。各区民政部门要统筹发挥基层政府、社会力量、居民群众主体作用,积极构建以居民需求为出发点、以社区为平台、以社会组织为载体、以社工专业人才为支撑的“三社联动”机制。社区为社会组织提供场地、资源和参与服务自治的平台,激发各类社会组织活力参与社区建设。社会组织吸纳社会工作者提升社区服务水平,社会工作者以社会组织的形式实施社区参与,把多元服务供给在社区。

(二)加大多元投入。各区民政部门要按照“政府扶持、社会承接、项目运作”的思路,采取政府购买服务、职能转移等多种方式,逐步将面向社区的事务性、服务性工作委托有专业能力的社会组织承接,购买社区服务要向街道(乡、镇)级枢纽型社区社会组织联合会(服务中心)适当倾斜。充分利用社区公益事业专项补助金,通过政府购买服务、公益创投等方式,吸引各方力量参与基层社区治理,培育扶持社区社会组织,支持社区社会组织承接相关服务项目。依托街道(乡、镇)社区服务中心、城乡社区服务站、社区社会组织管理服务站等设施,建立社区社会组织综合服务平台,鼓励将闲置的宾馆、办公用房、福利设施等国有或集体所有资产,通过无偿使用等优惠方式提供给社区社会组织开展公益活动。深入挖掘社区资源,通过社区互动、辖区单位、企业冠名等多种方式建立社区基金,条件成熟的要探索设立社区基金会,动员社会资源深度持续参与社区治理。

(三)发展社区志愿者队伍。各区民政部门要在社区设立志愿服务联系员,按照《志愿服务条例》有关要求,为社区志愿者提供注册登记、活动发布、供需对接、服务记录、诚信记载等服务。依托社区学雷锋志愿服务站，广泛开展社区互助活动，培育发展互助类社区社会组织，增强社区自我服务功能。广泛运用时间银行、服务积分兑换、道德讲堂等形式，缩短激励回馈周期，调动居民参与志愿服务的积极性。

（四）积极引入专业力量。各区民政部门要支持社会工作服务机构与社区社会组织开展合作，面向社区提供心理疏导、人文关怀、精神慰藉和心理健康等专业服务。整合利用各级各部门及社会各界的资源和力量，引导社区社会组织发挥在源头治理方面的积极作用，协助做好社区矫正、社区戒毒、刑满释放人员帮扶、社区防灾减灾、精神障碍社区康复等工作，积极参与平安社区建设，提升社区矛盾预防化解能力，助力社区治安综合治理。

五、做好社区社会组织组织实施

（一）加强组织领导。各级民政部门要高度重视，深刻认识培育发展社区社会组织工作重要意义，积极争取党委和政府的重视与支持，推动将社区社会组织发展和管理工作纳入基层政府绩效考核内容和社会治安综合治理考评体系。各区民政部门要科学制定社区社会组织发展政策措施，做好社会组织、社区、社会工作统筹联动工作，积极协调相关部门、街道办事处（乡、镇人民政府）明确责任、形成合力。

（二）加强工作指导。各级民政部门要加强业务指导和工作培训，帮助社区社会组织提升服务和管理水平，依法加强已登记的社区社会组织日常活动、负责人、资金往来、信息公开等方面的管理，指导其强化诚信自律、规范发展的主体责任。各区民政部门要指导街道办事处（乡、镇人民政府）、基层群众性自治组织做好未达到登记条件的社区社会组织的培育扶持、服务指导、监督管理等工作。

（三）加强骨干培养。要通过强化业务培训、引导参加相关职业资格考试等措施,着力培养一批热心社区事务、熟悉社会组织运作、具备专业服务能力的社区社会组织负责人和业务骨干。推进社区社会组织品牌建设,引导优秀社区社会组织完善自身发展规划和品牌塑造,加强公益活动宣传,提高品牌辨识度和社会知晓度。

(四)加强宣传激励。要注重发挥先进典型的示范引领作用,及时归纳总结发展社区社会组织的先进经验,加大对社区社会组织优秀典型和先进事迹的表扬、奖励和宣传,营造全社会关心支持社区社会组织发展的良好氛围。探索建立社区社会组织社区建设绩效评价制度,由基层党组织、基层群众性自治组织和社区居民对社区社会组织参与社区建设和服务居民的能力等情况开展测评,测评结果作为优先承接政府购买服务的条件和相关评优、表彰的重要依据。

各区民政部门要根据本指导意见,抓紧组织贯彻落实,理顺管理体制和运行机制,切实加强对社区社会组织的培育发展和规范管理。

2018 年 11 月 14 日

天津市社区公益事业专项补助经费使用管理办法①

(津民发〔2019〕11 号)

第一条　为进一步规范社区公益事业专项补助经费使用管理,不断提高资金使用效益,加快提升社区公益事业发展水平和社会组织承

① 《天津市社区公益事业专项补助经费使用管理办法》,天津市民政局网站,http://mz.tj.gov.cn/ZWGK5878/ZCFG9602/zcwj/202012/t20201211_4863467.html。

接政府购买服务能力，深入推进“三社联动”和美丽社区建设，根据《天津市人民政府关于进一步加强社区工作的意见》(津政发〔2013〕30号)、《天津市福利彩票公益金使用管理办法》(津财规〔2018〕27号)和专项资金管理有关规定，结合我市实际，制定本办法。

第二条 本办法所称社区公益事业专项补助经费(以下简称专项补助经费)是指用于社区助老助残助困助孤等政府购买社会组织服务项目的资金。

市财政按照每年每户12元标准，综合考虑上年度专项经费结转情况安排当年市级补助资金。

市级转移支付金额=12元×各区户籍人口户数－上年度各区专项资金结余结转金额。

第三条 专项补助经费使用管理遵循专款专用、公开透明、严格程序原则。

第四条 专项补助经费使用范围包括：

(一)扶老助老类。为空巢、失能、高龄等老人提供生活照料、专业护理、精神慰藉、社会参与等服务；支持社区养老服务体系建设，为老年人日间照料、社区托养、居家养老服务提供专业支持。

(二)扶残助残类。为残疾人提供生活援助、心理咨询、康复指导和照料、就业支持、法律援助等服务。

(三)扶贫助困类。为困难群众提供生活照料、学业辅导、困难帮扶、紧急援助、心理疏导、康复护理、促进就业等社会服务；困难群众信息收集与家庭情况调查，社会救助政策宣传。

(四)社工服务类。运用社会工作专业方法开展矛盾调处、人文关怀、心理疏导、行为矫治、关系调适、资源协调、社会功能修复、社会支持体系建设等服务，开展人才培训、项目评估及督导、社区骨干力量培养、枢纽型社区社会组织规范化建设等服务。

(五)志愿服务及其他社区公益类。志愿服务项目的组织和实施、志愿者培训、志愿者注册及志愿服务时长记录、志愿者激励与保障;社区社会组织孵化、公益创投组织实施、社区公共服务空间托管、社区服务信息收集与分析、社区发展、社区治理等公益服务项目。

第五条　专项补助经费承接主体应符合以下条件:

(一)依法设立,具有独立承担民事责任能力的社会组织;

(二)法人治理结构健全,内部管理和监督制度完善;

(三)具有独立、健全的财务管理、会计核算和资产管理制度;

(四)具备提供服务所必需的设施、人员和专业技术能力;

(五)具有依法缴纳税收和社会保障资金的良好记录;

(六)前一年内无重大违法记录,通过年检或按要求履行年度报告公示义务,信用状况良好,未被列入异常名录;

(七)符合法律、法规规定以及购买服务项目要求的其他条件。

具有3A以上评估等级和有开展实施社会服务项目的经验、信誉良好的社会组织优先考虑。

社区社会组织可依托街(乡、镇)级枢纽型社区社会组织联合会(服务中心)以组团形式进行项目申报。

第六条　专项补助经费的使用采取购买服务的方式,按照政府购买服务法定程序进行。

购买采购限额标准以上的项目,应按照规定实施政府采购,采用公开招标、邀请招标、竞争性谈判、竞争性磋商、单一来源采购、询价等方式确定承接主体;购买采购限额标准以下的项目,可选择合适的购买方式,但应符合相关法律法规规定。采购限额标准详见市财政局每年印发的天津市政府采购目录及限额标准相关通知。

第七条　市民政局和各区财政局应于每年2月底前,分别将各区户籍人口户数和上年度专项资金结转情况统计汇总后,报市财政局。

市财政局根据市民政局和各区报送的数据核定当年市级转移支付金额,并会同市民政局下达各区补助资金。

第八条 市区民政部门要加强专项补助经费管理,加快预算执行进度,强化项目管理。

第九条 市区民政部门应当根据有关规定,公开专项补助经费使用规模、资助项目、执行情况和实际效果等相关信息,接受社会监督。

第十条 各级财政、民政部门及其工作人员在专项补助经费的分配审核、使用管理等工作中,存在违反本办法规定的行为,以及其他滥用职权、玩忽职守、徇私舞弊等违法违纪行为的,按照《中华人民共和国预算法》《中华人民共和国公务员法》《中华人民共和国监察法》《财政违法行为处罚处分条例》《彩票管理条例》等国家有关法律法规追究相应责任。涉嫌违法犯罪的,依法移交司法机关处理。

第十一条 各区民政、财政部门可参照本办法规定,结合本区实际,制定资金管理实施细则。

第十二条 本办法自2019年3月17日起施行,有效期5年。原《天津市社区公益事业专项补助经费使用管理暂行办法》(津民发〔2016〕12号)同时废止。

后 记

本书是在我的博士后出站报告基础上修改而成的。2015 年 12 月,我进入中国社会科学院社会学研究所博士后流动站,在李培林研究员的指导下从事博士后研究工作。在此要特别感谢李老师对我的悉心指导,感谢他对我的信任和鼓励。研究报告从选题到完稿,各个阶段,无不凝聚着李老师的智慧与心血。在站期间,李老师以他深厚的学养、渊博的知识、敏锐的学术洞察力指导我如何选择学术方向、如何开展研究工作。每次与李老师的交流都给我以极大的启发,使我受益良多,眼界开阔。李老师严谨的治学精神让我终身受益。

回首从事博士后研究期间的学习生活,思绪纷飞,心中感慨颇多。对我而言,下决心从事博士后研究不仅意味着要继续"奔波"于京津两地,还意味着又要开启紧张忙碌的生活状态,有时确有疲惫之感。一路走来,想想生活确实不易,唯有感恩,更要珍惜。自 2000 年上大学开始正式接触社会学专业知识已有二十余年,从本科、硕士、博士到博士后,我一直都在学习社会学,现在还从事社会学研究工作,可以说,能将兴趣与工作结合在一起确实是我的幸事。

值此博士后报告成书出版之际,感谢中国社会科学院社会学研究所的诸位领导和老师对我在站期间学习和生活上的指导、帮助。感谢评审研究报告的专家,诸位老师的建议使我受益匪浅。感谢多年来一直关心我成长的诸位师友,感谢你们的帮助和支持。

感谢所有接受访谈的社区社会组织负责人和成员、田野调查地各部门领导及民政部门和社区里的工作人员、相关社会组织负责人,感谢你们提供的无私帮助。没有你们的智慧和付出,这项研究是难以完成的。

之所以选择在博士后阶段做有关社区社会组织的研究,主要源于我在完成以业主委员会为主题的博士论文后,一方面对城市基层社会治理问题更感兴趣了,另一方面又着实感觉到自己对一些基层社会治理实践和现象的理解还不透、认识还不深,因此,可以说,这项研究是我对基层社会治理研究的延续和新探索。

社区社会组织是社区治理结构多元主体的重要组成部分,也是开展社区治理、促进社区团结、增进社区社会资本的重要力量。发挥社区社会组织在基层社会治理中的积极作用是当下社会建设、社会治理领域的重要现实问题,同时也是重要的理论问题,学界对此一直保持热切关注。虽然本研究努力在跟进讨论,但对于一些相关实践的揭示与阐释还显得不够深入,对此我将在后续研究工作中加以完善。